Franz Bogner

Die Naab

MIT WALDNAAB FICHTELNAAB HAIDENAAB

Verlag Friedrich Pustet Regensburg

Motiv auf der Einbandvorderseite: Naabschleife südlich von Schwandorf
Motiv auf der Rückseite: Altstadt von Nabburg

Text und Fotos: Franz Bogner
Karte am Ende des Buches: Stefan Krabichler, Dipl.-Ing. der Kartographie (FH), Schernfeld

Bibliografische Information der Deutschen Bibliothek
Die Deutsche Bibliothek verzeichnet diese Publikation in der Deutschen Nationalbibliografie; detaillierte bibliografische Daten sind im Internet über http://dnb.ddb.de abrufbar.

ISBN 3-7917-1915-7

Einbandgestaltung: Atelier Seidel, Neuötting
Buchgestaltung: Der Buch*macher*, Arthur Lenner, München
Farbreproduktion: Camscan, Augsburg
Gesamtherstellung: Friedrich Pustet, Regensburg
Printed in Germany 2004

Inhalt

Vorwort

Kultur und Natur – zwei Begriffe, ein Erbe. Ein Erbe, das wir übernommen haben und, ohne größeren Schaden anzurichten, auch weitergeben sollten. „Kultur" wurde meistens höher geschätzt als „Natur", obwohl das eine durch die Nutzung des anderen erst ermöglicht wurde. „Natur" war in der Vorstellung vieler Mitmenschen zwar immer da, aber sie war nichts Besonderes und geschützt wurde sie nur, um sie besser nützen und ausnützen zu können. „Kultur" dagegen wurde über Jahrhunderte hinweg besucht, bewundert und geschützt. Schutz und Bewahrung dieses Erbes sind längst als gesellschaftliche Aufgabe anerkannt und gehen uns daher alle an. Was wir schützen sollen, müssen wir kennen und vor allem anerkennen. Kultur und Natur verbinden heißt die „Vergangenheit verstehen, die Gegenwart klären und die Zukunft planen". Um die Vergangenheit einer Region gut zu verstehen, ist es auf alle Fälle vorteilhaft, dort aufgewachsen zu sein und die regionale Geschichte verinnerlicht zu haben. Dafür reicht in der Regel auch eine lange Schulzeit nicht aus, selbst wenn dort das Fundament gelegt und ein bodenständiges Interesse geweckt werden kann. Unterricht in Heimatkunde, Geschichte, Geographie oder Biologie konzentriert sich häufig kaum auf regionale Identitäten. Außerdem lernen wir noch viel zu wenig von der gegenseitigen Abhängigkeit von Kultur und Natur, geschweige denn, wie beide zu einer erfolgreichen Synthese zusammen geführt werden könnten. Das vorliegende Buch soll dazu einen kleinen Beitrag leisten und über das Medium (Luft-)Bild mithelfen, Kultur und Natur ein wenig zu verbinden. Es ist nun mein fünftes Flussbuch in diesem Konzept.

Als kleiner Bub habe ich mich immer wieder über die Naab gewundert. Bei Verwandtenbesuchen am Parkstein habe ich von der Existenz nicht nur *einer* Naab erfahren, sondern dass es auch eine Haidenaab, eine Waldnaab, eine Schweinnaab oder eine Fichtelnaab gibt. Der Rauhe Kulm und der Parkstein lagen als markante, unverrückbare Vulkankegel immer in Sichtweite meines Elternhauses, ohne die bei geringen Sichtverhältnissen geradezu etwas im Landschaftsbild fehlte. Die Kirche von Kaltenbrunn sah von der Ferne wie eine frei stehende, überlebensgroße Buddha-Statue aus. Die unglaubliche Weite des nördlichen Naabeinzugsgebietes war das Panorama, das sich mir eingeprägt hat und mit dem ich aufgewachsen bin. Später, in meiner Studentenzeit, hat mir eine nasse Erfahrung mit Freunden

Ein einfaches Straßenschild verweist auf die Wasserscheide zwischen dem Rhein/Main- und dem Donau-Einzugsgebiet. Ab hier läuft das Wasser über den Thumbach, die Haidenaab und die Naab in die Donau bei Regensburg.

zusammen eine andere Seite der Naab gezeigt, als bei Katzdorf die abendliche Fahrt in einer Zille mit einem unfreiwilligen Bad endete. Damals wusste ich noch nichts über die lange Tradition der Zillen, geschweige denn über slawische Sprachwurzeln im Naabtal. Meine Regensburger Studentenzeit hat mich dann die gesamte Naab kennen und schätzen lernen lassen.

Dieser Bildband über den wichtigsten Fluss der Oberpfalz ist ein weiteres Unternehmen mit der „fliegenden Kamera". Er soll wie meine anderen Bücher eine Einladung sein, der Landschaft und der Geschichte eines Tales näher zu kommen. Natürlich ist die Konzeption eines solchen Buches zunächst einmal ein schmerzhaftes Weglassen, mehr als ein möglichst vollständiges Zusammensetzen des umfangreichen Wissens aus Archiven. Jedem Buch sind Seitengrenzen gesetzt! Das vorliegende soll eine Luftwanderung von den Quellflüssen der Naab zur Mündung beschreiben und dabei auch etwas von der Fragilität des Tales zeigen. In Sachen Naturschutz tendieren wir ja zu globalem Denken, indem wir uns um den Schutz tropischer Regenwälder oder borealer Nadelwälder sorgen, um zwei weit entfernte Beispiele herauszugreifen. Kritische Zungen fordern für den Naturschutz jedoch ein konsequentes „hic Rhodos, hic salta" ein, will sagen, wir sollen uns tunlichst um den Natur- und Artenschutz vor der eigenen Haustüre kümmern und da auch wirklich handeln statt nur zu reden. So möchte ich die Naab und ihre Quellflüsse nicht nur in ihrer Schönheit präsentieren, sondern auch möglichst viele Mitstreiter für ihren Schutz gewinnen.

Ein Vorwort darf immer einer angenehmen Aufgabe nachkommen. Ich beginne mit dem Dank an meine Piloten des Aeroclubs Weiden (Dr. A. Poy) und der Flugsportvereinigung Neumarkt. Meist ist ja eine kurzfristige Abstimmung notwendig, da die Sichtverhältnisse nicht mit Schönwetterperioden gleichzusetzen sind. Des Weiteren darf ein herzlicher Dank an die Wasserwirtschaftsämter Weiden, Amberg und Regensburg ebenso wenig fehlen wie an die engagierten Heimatpfleger, die gerne Wissen zur Verfügung gestellt haben, das nicht in der allgemein zugänglichen Literatur nachzulesen ist. Schließlich gilt mein besonderer Dank dem Lektorat des Verlages, das geduldig mitgeholfen hat, das Buch in der jetzigen Form entstehen zu lassen.

Parsberg, im Herbst 2004 *Franz Bogner*

Ein Almanach des Naabtales

Die Naab ist eine echte Oberpfälzerin. Als einziger Fluss durchzieht sie den gesamten Regierungsbezirk von der Nordgrenze bis zum südlich gelegenen Regensburg und mündet wie fast alle Oberpfälzer Flüsse in die Donau. Von der Waldnaabquelle bis zur Mündung misst sie immerhin rund 198 km und übertrifft mit ihrem Einzugsgebiet alle anderen Flüsse der Oberpfalz. Geradezu zwangsläufig wurde die Naab daher schon sehr früh ein überregionaler Leitweg, der im zweiten nachchristlichen Jahrhundert vom ägyptischen Geographen Claudius Ptolemäus in seiner *Geographiké hyphégesis* auch als Bernsteinstraße beschrieben wurde. Die Europäische Hauptwasserscheide im Norden zwischen dem Main- und dem Naabgebiet bildet zugleich die Dialektgrenze zwischen Franken und der Oberpfalz. Das Fichtelgebirge versorgt drei europäische Hauptstromgebiete, den Rhein (Main), die Donau (Naab) sowie die Elbe (Eger und Saale). Von den Naabquellflüssen hat nur die Waldnaab ihre Quelle nicht im Fichtelgebirge, sondern auf dem Kamm des Oberpfälzer Waldes: sie fließt zunächst in die „falsche" Richtung nach Norden und schwenkt aber bald in einem großen Bogen in eine südliche Richtung ein und wird zum Hauptquellfluss der Naab. Das vorliegende Buch unternimmt eine Luftbildreise entlang der Naab, zeigt die Täler der Quellflüsse und folgt dem Hauptstrom bis zur Mündung; es beschreibt in Wort und Bild die meisten Orte entlang dem Naabwasser und befasst sich mit den geschichtlichen, geologischen und ökologischen Besonderheiten des Tales.

Die Bedeutung der einzelnen Quellflüsse erkennt man schon an ihren Zusatznamen: Waldnaab (einschließlich Tirschenreuther Waldnaab) [100 km Länge], Fichtelnaab [39 km], Schweinnaab [28 km] oder Haidenaab [57 km]. Erst ab Oberwildenau unterhalb Weidens spricht man nur mehr von der Naab [98 km] (da die Längenangaben in der Literatur zum Teil erheblich differieren, werden hier die Angaben des bayerischen Wasserwirtschaftsamtes verwendet). Die Schreibweise der Naab setzte über Jahrhunderte hinweg auf ein einfaches 'a', trotz eines lang gesprochenen 'a' (der Volksmund spricht von der „Noo"), jedoch wurde sie 1953 amtlich auf ein doppeltes 'a' festgelegt: „Der Name für den Fluss Naab und alle Ortsnamen, die mit dem Fluss in Verbindung stehen, sind künftig mit zwei a zu schreiben". Obwohl dafür als Gründe geschichtliche und sprachliche Gesichtspunkte angeführt wurden, weisen historische Schreibweisen eher auf ein einfaches 'a' hin. Wie für viele andere einsilbige Flussnamen der Oberpfalz ist wohl auch im Falle der Naab eine indogermanische Sprachwurzel anzunehmen: *Nobha/Nebh* würde *feucht, Nebel, Dunst* heißen oder könnte mit *Fluss, Wasserlauf* zu übersetzen sein. Über die Jahrhunderte hat der Name durchaus Veränderungen durchgemacht: Bei Aventinus (1477–1534) und Apian (1495–1552) hieß der Fluss *Nabus*, in der frühmittelalterlichen thüringischen Zeit *Nabalia*, in der merowingischen Zeit *Nablis* oder zwischen 800 und 900 *Naba* oder *Napa* („iuxta fluvium qui dicitur Napa"). Ähnlich lautende Flussnamen in anderen europäischen Ländern haben wohl vergleichbare Sprachwurzeln, beispielsweise die *Naver* im englischen Sutherland, die *Nevern* im walisischen Pembrokeshire, die *Nablis* in Thüringen oder die *Nahe* am Rhein.

Das Naabtal der Tertiärzeit hatte ursprünglich eine enge Beziehung zum Regen. Die Urnaab (oder Altnaab) bestand aus einem weit verzweigten Fluss- und Seensystem, das sich mit unterschiedlichen Verläufen von Pfreimd bis Regensburg erstreckte. Dabei scheint es im Oberlauf zu einer Ostverschiebung und im Unterlauf zu einer Westverschiebung gekommen zu sein: anhand von Sedimenten aus dem Frankenwald lässt sich im Oberlauf ein zunächst deutlich westlicherer Verlauf (über Pressath – Grafenwöhr – Freihöls) verfolgen. Im Unterlauf hatten geologische Hebungen und Senkungen zu einer Trennung von Regen und Naab geführt und dem Regen das frühere Urnaabtal bis zu dessen Mündung in die Donau überlassen. Mit dem steten Zurückweichen des Tethysmeeres (aus dem schließlich die Alpen emporstiegen) begannen mit der Eintiefung der Altdonau auch deren Nebenflüsse sich zunehmend in den Untergrund einzuschneiden. Dabei schuf sich die untere Naab ihr heutiges Tal, das über Pielenhofen, Etterzhausen und Mariaort das Donautal erreicht. Vor allem in den flachen, sumpfigen Nebentälern konnten sich über die Jahrmillionen in einem subtropisch-feuchten Klima Braunkohleablagerungen bilden (siehe Karte auf Seite 11).

Geologische Schichten

Die Naab kreuzt auf ihrem Weg nach Regensburg alle drei bedeutenden geologischen Formationen der Oberpfalz: das granitene Grundgebirge, das ostbayerische Bruchschollenland und den Jurarücken (der neuerdings auch Bayerischer Jura genannt wird). Die Einzugsgebiete der Naabquellflüsse liegen allesamt im zentralen Gebirgsknoten der nördlichen Oberpfalz, dessen geologische Vielfalt gerne zur erdgeschichtlichen Sehenswürdigkeit erklärt wird. Darauf verweist auch gerade die Existenz des „Kontinentalen Tiefbohrprogramms“ (siehe Seite 24). Hier dominieren die kristallinen Massengesteine, Granite und Gneise, die in der Tiefe der Erdkruste aus der glühend heißen Schmelze entstanden und anschließend in einem langsamen Abkühlungsprozess unter dem Druck tausend Meter dicker Deckschichten gut auskristallisierten. Granite haben dabei eine körnige Struktur (*granum* = [lat.] Korn) und bestehen vor allem aus drei verschiedenen Mineralarten, dem farbigen Feldspat, dem grauen Quarz und dem dunklen Glimmer; mancher Leser wird sich noch an den Schülerreim erinnern: „Granite haben immer/Feldspat, Gneis und Glimmer“. Gneise sind an ihrer charakteristischen, feinen Schieferung zu erkennen. Das Gebiet des heutigen Steinwaldes war zuletzt im Kambrium (vor ca. 500 Millionen Jahren) von einem flachen Meer bedeckt, in das vom umgebenden Festland Kies, Sand und toniger Schlamm eingespült und am Meeresboden abgelagert wurden. Aus dem einstigen Meeresboden wurde schließlich trockenes Festland und erst unter dem geologischen Ereignis der Alpenauffaltung verformten sich die Gesteinsschichten so sehr, dass in die Spalten und Risse glutflüssiges Magma aus dem Erdinneren eindringen konnte. Sichtbare Beispiele dieser vulkanischen Vorgänge sind der Parkstein bei Weiden, der Rauhe Kulm oder der Schlossberg bei Waldeck. Der Vulkanismus beim Zerreißen der Granitscholle fand dabei vor rund 20–25 Millionen Jahren statt und endete erst vor rund 250 000 Jahren. Die Vulkanschlote des Rauhen Kulms (682 m) und des Parksteins (594 m) sind heute die dominierenden Erhebungen der nordwestlichen Oberpfalz und werden auch gerne als „landschaftliche Einsiedler“ bezeichnet, da sie sich bis zu 170 m Höhe weithin sichtbar über das Land erheben. Dabei war der Rauhe Kulm gar kein speiender Vulkan, sondern ein in der Keuperdecke erstarrter Magmapfropfen. Beim Rauhen Kulm zeigt sich dieser frühere Vulkanismus heute in den getürmten Basaltblöcken, die das Geröllfeld unterhalb der Gipfelkuppe darstellen, beim Parkstein dagegen in markanten Basaltkegeln, die den südlichen Berghang wie eine offene Flanke erscheinen lassen. Auch der kleinere Kuhkübel war ursprünglich eine Basaltkuppe, die jedoch dem Abbau zum Opfer gefallen ist.

Die Einteilung geologischer Zeiträume in Erdaltertum, -mittelalter und -neuzeit ist an sich willkürlich, geht jedoch auf zwei globale Katastrophen in der Vergangenheit zurück, die als so genannte Faunenschnitte drastische Folgen für den Evolutionsverlauf auf der Erde hatten. Bei der ersten vor rund 250 Millionen Jahren starben rund 90% der damals existierenden Tierarten aus; radikale Umweltveränderungen im Zusammenhang mit einer gewaltigen Vulkantätigkeit und/oder einem Meteoreinschlag, gefolgt von einer drastischen Klimaerwärmung waren wohl die Ursachen für dieses gigantische Massensterben. Die zweite Katastrophe wurde wohl durch einen Asteroideinschlag vor rund 65 Millionen Jahren ausgelöst, in dessen Folge mehr als die Hälfte aller Meerestierarten ausgelöscht wurde. Mit dem Erdmittelalter ging auch gleichzeitig die Zeit der Dinosaurier zu Ende. Im Erdaltertum war im Naabeinzugsgebiet mit dem Variskischen Gebirge eine Erhebung in den Dimensionen eines Himalayagebirges vorhanden. Dieses wurde trotz der ursprünglich gewaltigen Höhe im Laufe der Jahrmillionen abgetragen und wäre wohl heutzutage überhaupt nicht mehr zu erkennen, hätte nicht die Alpenauffaltung erneut die bereits abgeschliffene Granitschwelle wieder gehoben und die heutigen Mittelgebirge geschaffen.

Bei Schwarzenfeld nördlich von Schwandorf verlässt die Naab den granitenen Untergrund und tritt in das (ostbayerische) Bruchschollenland ein. Es dürfte allgemein bekannt sein, dass Kontinente in verschieden großen, kilometerdicken Platten auf dem glutheißen Gestein des Erdmantels treiben. Dabei können sie sich gegeneinander verschieben, sich überlagern oder manchmal sogar untereinander wegtauchen. Durch das Gegeneinanderdriften der ureuropäischen und der urafrikanischen Kontinentalplatten wurde nicht nur die Alpenkette aufgetürmt, sondern auch die Schichten der Oberpfalz wie Eisschollen auseinander gebrochen, verkantet und ineinander verschoben. Die Namensgebung des Bruchschollenlandes bzw. Schollenbruchlandes bezieht sich auf diese geologische Vergangenheit. Das Oberpfälzer Bruchschollenland ist ein wechselnd breiter Landschaftsstreifen der Oberpfälzer Senke zwischen dem Grundgebirge im Norden und Osten des Naabtales und der Juraplatte ab Teublitz und Burglengenfeld. Das Oberpfälzer Bruchschollenland stellt sich also als ein zum Teil unübersichtliches geologisches Übergangsgebiet dar zwischen den beiden dominanten geologischen Schichten, dem Grundgebirge im Norden und dem Jurarücken im Südwesten.

Die Braunkohlevorkommen im Bereich des Naabtals entstanden vor rund 15–18 Millionen Jahren in einem weit verzweigten Talnetz des alten „Urnaab-Urregen-Flusstalsystems“; sie erstrecken sich von Pfreimd bis in den Regensburger Raum, sind jedoch vor allem im Schwandorfer Raum bekannt, da dort größere Tagebauförderungen möglich waren. Jedoch hatte beispielsweise auch im Donautal im Bereich Dechbettens, heute ein Stadtteil von Regensburg, ein Abbau stattgefunden. In den ausgedehnten Altwassern wechselten Überflutungs- und Wachstumsperioden ab, so dass Pflanzen immer wieder im Morast versanken und von feinen Tonsedimenten überdeckt wurden. In einem subtropischen Klima setzte sich die üppige Pflanzenwelt aus Sumpfzypressen, Schilf oder Mammutbäumen zusammen. Die Zonen der Braunkohleablagerung waren ein verzweigtes System von Seen, Sümpfen und Mooren, das sich wohl vor allem abseits des Hauptflusslaufs ausbreitete. Eine ältere Beschreibung von Tilmann (1956) schildert dies folgendermaßen: „Sehr merkwürdig sind die in den Braunkohleflözen horizontal liegenden, oft sehr langen Stämme, während die Wurzelstränge noch senkrecht in der mulmigen Kohle stecken, ja manchmal hängen beide noch zusammen, so dass wir die Entstehung dieser Braunkohlenflöze aus einem an Ort und Stelle gewachsenen, wahrscheinlich sumpfigen Walde, dessen Bäume infolge des Alters oder durch Windbruch umgestürzt waren, auf das deutlichste erkennen." Immerhin wurden im Laufe von sieben Jahrzehnten etwa 187 Millionen Tonnen aus diesem bedeutendsten bayerischen Braunkohlerevier gefördert, dies entspricht einem voll beladenen Eisenbahnzug rund um den Erdball. Andernorts erhöhten Kohlereifungsprozesse den Kohlenstoffgehalt des organischen Materials weiter zur Steinkohle oder gar zum Anthrazit. Die junge Braunkohle des Naabtales „hatte hierzu nicht mehr die Zeit", sie wurde vorher zu Brennzwecken abgebaut.

Zwischen Teublitz und Burglengenfeld fließt die Naab in den Jurarücken hinein, der sich als geologische Ablagerung von der französischen Schweiz bis ins Fichtelgebirge erstreckt. Entstanden ist diese Mittelgebirgskette im einstigen flachen Jurameer als Schlammablagerung, die sich in den Jahrmillionen danach zu Gestein verfestigte; die einzelnen Schichtungen werden im süddeutschen Sprachraum aufgrund der vorherrschenden Gesteinsfärbung Schwarzer, Brauner und Weißer Jura genannt. Das Klima der Jurazeit war subtropisch mild und erlaubte einen großen Artenreichtum von Flora und Fauna. Die fossile Hinterlassenschaft des Jura besteht vielmehr hauptsächlich aus marinen Muscheln und Korallen. Der Name „Alb" könnte zwei Namenspaten haben: einerseits die alte keltische Bezeichnung für „hoch", andererseits die Abänderung der lateinischen „Montes albi" (weiße Berge). Beides würde Sinn machen. Wie für alle geologischen Angaben differieren die Jahresangaben je nach zugrunde gelegtem Theorieansatz zum Teil beträchtlich (es kann nicht Aufgabe dieses Buches sein, das Für und Wider der einzelnen Ansätze zu diskutieren); hier werden daher stark gerundete Zeitangaben für die rund 70 Millionen Jahre lange Jurazeit verwendet. Drei farblich unterschiedliche Juraschichten sind zu unterscheiden: Der Schwarze Jura (215–185 Millionen Jahre), die unterste Schicht, setzt sich aus Kalksandstein und Mergel-Tonschichten zusammen, die sich im warmen, flachen Jurameer ablagerten. Der Braune Jura (185–160 Millionen Jahre) kann bis zu 150 m mächtig sein und besteht aus Eisensandstein, der in geschichtlicher und vorgeschichtlicher Zeit durchaus als Eisenerz-Ressource verwendet wurde. Als oberste Schicht schließt der Weiße Jura (160–145 Millionen Jahre) mit einer Mächtigkeit von bis zu 200 m die Formation ab. Das Jurameer hatte in dieser letzten Phase (Malmzeit) eine Verbindung zum südlichen warmen Ozean, so dass zahlreiche neue Tierarten einwandern konnten und heute als Fossilien diese Schicht prägen. Dieser Weiße Jura besteht meist aus Schwamm-, Riff- oder Plattenkalken und hat Mergelschichten als Quellhorizonte.

Das Hochwasser und die Naab

An der Naab muss man mit Hochwassern leben. Beispielsweise ist in Kallmünz der schmale Durchlass der historischen Brücke fallweise ein Nadelöhr, an dem sich Naabhochwasser rückstauen und den Ort immer wieder mit Wasser fluten können. Kallmünz ist durch die Lage an der Vilsmündung seit jeher besonders hochwassergefährdet, jedoch richteten vor allem auch die jüngsten Überschwemmungen erhebliche Schäden an. Da viele Flächen bis unmittelbar an die Naab bebaut sind und dort keine vernünftige technische Hochwassersicherung möglich ist, muss bei Neu- und Umbauten inzwischen auf eine Wohnnutzung im Erdgeschoss oder gar eine Heizöllagerung im Keller verzichtet werden. Bei neuen Gebäuden, wie beispielsweise dem neuen Rathaus oder einem Ärztehaus, die beide im Überschwemmungsgebiet von Vils und Naab

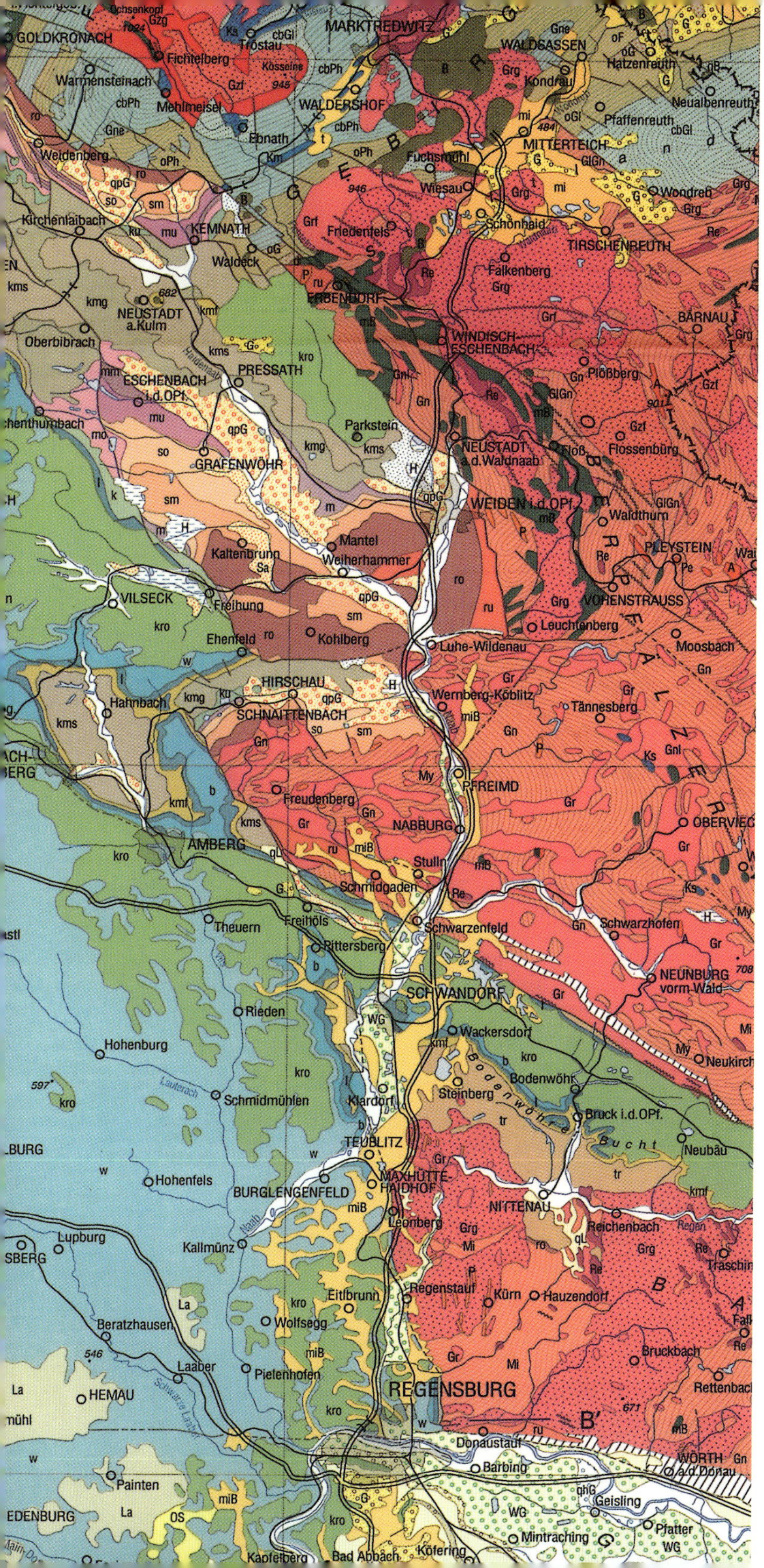

[mi]	Miozän-Sand
[B]	Basalt
[kmg]	Gipskeuper
[kms]	Sandsteinkeuper
[mu/m]	Muschelkalk
[so/sm]	Buntsandstein
[qpG]	Terassenschotter
[ro/ru]	Rotliegender Ton- und Sandstein
[Gn]	Gneis
[Gr]	Granit
	Quarzgang (Pfahl)
[WG]	Schotter (würmzeitlich)
[l]	Schwarz-Jura (Lias)
[b]	Brauner Jura (Dogger)
[w]	Weiß-Jura
[miB]	Braunkohlentertiär
[kro]	Oberkreide

Quelle: Geologische Karte von Bayern 1:500 000, 4. Auflage 1996, hrsg. vom Bayerischen Geologischen Landesamt (vergrößerter Ausschnitt)

liegen, baute man gar auf Stelzen und legte das Erdgeschoss auf die so genannte 100-jährliche Hochwasserlinie; das jüngste Winterhochwasser von 2003 erreichte immerhin knapp diese Erdgeschossdecke. Bei einer Bank wurden alle Kelleröffnungen mit mobilen Dammbalken ausgerüstet. Eine vor wenigen Jahren erfolgte groß angelegte Vorlandabgrabung im Bereich der Vilsmündung soll den Ortskern in Hochwasserzeiten etwas entlasten. Eine derart geschaffene Flutmulde erlaubt ein frühes Übertreten der Vilshochwässer und trägt damit zumindest etwas zur Entspannung bei Hochwassersituationen bei. Gleichzeitig wurde der Damm der Umgehungsstraße teilweise durch zusätzliche Brückenöffnungen ersetzt.

Zusammen mit dem Frühjahrsschmelzwasser kam es früher des Öfteren zum gefürchteten Eisstoß. Dies konnte mit dumpfen Stößen beginnen, wenn Bewegung in den auftauenden Eispanzer kam. Die Eisdecke konnte sich dabei wie von Geisterhand geführt knirschend und krachend heben, die Eisstücke konnten sich senkrecht stellen, ineinander krachen und sich sogar weit aufs Ufer schieben. Stießen die meist reißenden Eisplatten an Hindernisse, ergab dies laute, weithin hörbare Geräusche; waren diese Hindernisse Pfeiler, konnten durchaus ganze Brücken weggerissen werden. Die Aufzeichnungen hierüber sprechen eine eindeutige Sprache: „Am 26. Jänner 1682 war das Eis so dick und das Wasser so hoch, da es vor den Lanzen und dem Georgianger 6 Tagwerk teil abriss, teils schuhhoch verkieste, auf der Au und im Brunnfeld alle Wiesen und Felder versandete und die Brücke bedeutend schädigte“ oder: „Am Freitag Mittag, dem 15. Februar 1709 wurde die Brücke durch Eisandrang total hinweg gerissen.“ Vor den begleitenden Hochwassern wurde meist Hab und Gut in das erste Stockwerk der Häuser in Sicherheit gebracht. Dies galt auch für das Federvieh oder die Geißen, die auf dem so genannten Holmboden die kritischen Tage überlebten.

Auch die Stadt Weiden ist kein hochwassersicherer Ort, wie beispielsweise der Januar 1995 zeigte. Die Stadtverwaltung beschloss danach eine konsequente Hochwasserfreilegung der Innenstadt. In einem ersten Bauabschnitt wurden Deiche entlang der Schweinnaab verstärkt und ein Rücklaufdeich angelegt. Gleichzeitig wurde als Ausgleich für überbaute Feuchtflächen ein mäandrierender Wiesenbach mit Tümpeln geschaffen. In einem zweiten Bauabschnitt wurde an der Waldnaab das Mittlere Wehr verstärkt, ein bis dahin veraltetes einfeldriges Wehr in einem schlechten baulichen Zustand ersetzt, da es großen Hochwasserereignissen nur mehr schwer hätte widerstehen können. Des Weiteren war bis dahin keine Durchgängigkeit im Flutkanal für Fische und Mikroorganismen gegeben, was heutzutage eine wichtige und unverzichtbare Forderung für lebendige Flüsse ist. Die neue dreifeldrige Wehranlage gewährleistet nun eine Hochwasserableitung bis zum 100-jährlichen Hochwasser, während die Niedrigwasserstände unverändert bleiben.

Da nicht nur in Kallmünz und Weiden, sondern auch im ganzen Naabeinzugsgebiet das nächste Hochwasser ganz bestimmt kommen wird, soll bayernweit bis zum Jahr 2020 ein groß angelegtes Hochwasserschutzprogramm Abhilfe schaffen: „Nach der Flut ist vor der Flut“. Zunächst soll den vielen Bausünden in Talauen Einhalt geboten werden, da es im Flussbereich keinen 100%-igen Schutz geben kann. Viele Hochwasserprobleme sind ja durchaus „hausgemacht“. Seit Erfindung der Dampfkraft gibt es eigentlich keine zwingenden wirtschaftlichen Gründe mehr, direkt am Wasser zu bauen. Dennoch ist viel Bausubstanz an Flussufern nur wenige Jahrzehnte alt, wenn nicht noch jünger. Desgleichen sollte sich eine feldwirtschaftliche Nutzung von Talauen in Zeiten landwirtschaftlicher Überproduktion längst erübrigt haben. Da vielen Flüssen die natürlichen Rückhalteflächen der Flussauen genommen wurden, können heute schon kleinere Niederschlagsmengen Hochwasser verursachen; Fachleute sprechen in diesem Zusammenhang plakativ von „Hochgeschwindigkeitsrutschbahnen". Auwälder könnten schon per se deutlich mehr Wasser zurückhalten, vom schnelleren Abfluss des Niederschlagswassers in begradigten und eingedeichten Flussbetten und dem dadurch leichteren Aufschaukeln zu Hochwässern sowie der zunehmenden Versiegelung des Landes gar nicht zu reden. Flüsse brauchen ohne Zweifel ihre Talräume, auch wenn dies Viele noch nicht glauben wollen.

Immer wieder müssen Steuergelder der Allgemeinheit für die Sünden Einzelner herhalten. Allein der Freistaat Bayern will in den kommenden Jahren rund 2,3 Milliarden Euro im Hochwasserschutz einsetzen und vor allem drei Handlungsfelder konsequent unterstützen: Erstens sollen natürliche Rückhaltsräume gezielt verbessert werden, indem beispielsweise frühere Überschwemmungsgebiete wieder von der Landwirtschaft zurückgekauft oder gar Dämme aufgelassen werden sollen. War es früher ein erklärtes Ausbauziel, Wasser möglichst schnell aus dem Einzugsgebiet abzuleiten, soll es heute wieder verstärkt an den Auen gebunden werden. Zu diesem Zweck werden zunächst für alle bayerischen Gewässer Entwicklungspläne erstellt und rund 10000 ha Uferfläche für eine Renaturierung vorgesehen. Flussrenaturierungen sollten im Zentrum der Förderung stehen. Zweitens soll eine Verbesserung des technischen Hochwasserschutzes Schäden bei bereits bestehender Nutzung begrenzen, nicht jedoch weitere hochwassergefährdete Gebiete einer Bebauung zuführen. Finanzmittel sollten nur dann fließen dürfen, wenn das vorhandene Flächenpotenzial in den Flussauen voll ausgeschöpft ist. Gerade in den Flusstälern besteht eine gute Möglichkeit, die flächendeckende Landwirtschaft zurückzunehmen. Drittens sollen Überschwemmungsgebiete ermittelt und amtlich ausgewiesen werden, so dass eine weitere Bebauung rechtlich unterbunden werden kann. Wo kein Haus steht, kann es auch nicht durch Hochwasser geschädigt werden. Hochwassergefährdete Flächen werden vom Flugzeug aus vermessen und anschließend in einem digitalen Geländemodell abgebildet. Es gilt dennoch weiterhin, dass ein Wohnen am Fluss mit nassen Füßen verbunden sein kann, zumal mit einer weiteren Zunahme der Tendenz zu so genanntem Starkregen zu rechnen ist. Dennoch sollte ein erster Hoffnungsschimmer nicht übersehen werden: Wurden über Jahrhunderte hinweg private und öffentliche Gelder aufgewendet, um der Natur immer weitere Ressourcen zu entreißen, tut man dies heute bereits vielerorts, um der Natur wieder Teile des gestohlenen Gutes zurückzugeben.

Der Stadtgrundriss zeigt Bärnau als alte Wittelsbacherstadt mit einem zentralen Platz, der dicht an dicht mit Bürgerhäusern umgeben ist.

Die Quelltäler der Naab

Das Tal der Waldnaab und der Wiesau

Die Waldnaab ist mit rund 100 km der längste Quellfluss der Naab; sie entspringt in einer kleinen Talmulde an der tschechischen Grenze, die in weiten Teilen der Wasserscheide zwischen dem Einzugsgebiet der Naab und der Elbe folgt. Die Waldnaab hat auf ihren ersten 63 Flusskilometern bis Windischeschenbach mit „Tirschenreuther Waldnaab" sogar einen Zusatznamen; für die restlichen 37 km bis zur Haidenaab-Einmündung spricht man von der Waldnaab. Eine Beschreibung aus dem Jahre 1600 bezeichnet die Waldnaabquelle auch als „Kreuzbrunnen": „Es zeucht die Grentz (der Jungpfalz) auf den Nab- oder Kreuzbrunn zu, bei welchem das (alt- oder kurpfälzische) Amt Bärnau aufhört und der Kron Böheim Tachauer Amt anfäht, also drei Länder aneinander stoßen". Die Waldnaabquelle war also früher ein markanter Messpunkt für die Grenze zu Böhmen, zur Jungpfalz (Pfalz-Neuburg) und dem Oberpfälzer Amt Bärnau. Die besondere Bedeutung der Lage der Waldnaabquelle wirkt heute noch nach, wenn beispielsweise Quellverlagerungen stattfinden. Eine aufgeregte Presseschlagzeile des Jahres 1996 lautete denn auch: „Die Waldnaab ging fremd!" Ausführlich wurde damals berichtet, wie zwei Personen mühevoll die verstopfte alte Quelle vom Laub und feinem Sand säuberten, um das Flüsschen wieder aus der alten Graniteinfassung sprudeln zu lassen. Da die Waldnaabquelle eine so genannte artesische Quelle ist, drücken die wasserführenden Schichten das Wasser eben aus anderen Felsspalten, wenn eine angestammte Quellöffnung, aus welchen Gründen auch immer, nicht mehr zur Verfügung steht. Im angesprochenen Fall war aus der Oberpfälzer Waldnaabquelle kurzzeitig eine tschechische geworden, da die Ausweichquelle nur einen Steinwurf weiter östlich ausgetreten war.

Bärnau, Tirschenreuth und Falkenberg

Der erste größere Ort an der jungen und schmalen Waldnaab ist **Bärnau**, der zugleich lange Zeit bayerische Grenzstation auf der „Goldenen Straße" nach Prag war. Bärnau war mit seinem Umland über Jahrhunderte hinweg eine politische Enklave des nordbayerischen Wittelsbacherbesitzes. Die Stadt hat einen weltweiten Ruf als Knopfstadt. Vom Kunststoffknopf bis zum Naturknopf wird alles hergestellt. Dieser Berufszweig ist allerdings erst gut 100 Jahre alt und geht auf einen gelernten Knopfmacher namens Johann Müller zurück. Er brachte die gründlichen Fachkenntnisse und unternehmerischen Fähigkeiten mit, als er sich 1895 nach einer längeren Wanderschaft in der Gegend von Bärnau niederließ. Er hatte in Wien die Perlmutterknopf-Drechslerei gelernt und sah im aufstrebenden Deutschen Reich einen großen Absatzmarkt für dieses Spezialprodukt, deren Herstellung einen beträchtlichen Aufwand an Körperkraft und Geschicklichkeit erforderte. Als Rohstoff dienten Perlmutterschalen aus tropischen Meeren. Sämtliche Arbeitsvorgänge, angefangen vom Ausbohren des „Rondells" bis zum Polieren des Knopfes, wurden auf einer Fußtretbank vorgenommen. Ein Knopfdreher hatte einen langen Arbeitstag an der Tretbank und musste tagein tagaus „Knöpfe ausbohren, stechen oder drehen, lochen und polieren". Ein handliches Vierkantholz, das so genannte „Walzl" war dabei ein unentbehrliches Handwerkszeug. Frauen und

Blick auf den Liebenstein Stausee.

Zwischen dem Waldnaab- und dem Egertal breitet sich eine ausgedehnte Seenplatte aus und markiert gleichzeitig auch die flache Talwasserscheide zwischen beiden Flusssystemen (rechte Seite).

Kinder besorgten in Heimarbeit das „Auf-Karten-Nähen der fertigen Knöpfe".

Der Hochwasserspeicher **Liebenstein** wurde Mitte der 1960er Jahre am Oberlauf der Tirschenreuther Waldnaab mit einem Fassungsvermögen von 5,3 Millionen m^3 angelegt. Er hat mit dem Hochwasserschutz, der (herbstlichen) Niedrigwasseraufhöhung und der Energieerzeugung eine dreifache Aufgabe. Bei einer maximalen Stauung ergibt sich immerhin eine Wasserfläche von 88 ha, der so genannte Grundsee fällt nicht unter 16 ha. Ein Einzugsgebiet von rund 75 km^2 liefert einen mittleren Zufluss von 0,9m^3/Sekunde (ein mögliches Jahrhunderthochwasser würde mit 82 m^3 knapp hundertmal mehr Wasser pro Sekunde bedeuten). Der bis zu 18 m hohe und 170 m lange Damm sichert eine maximale Wassertiefe von 16 m. Innerhalb eines Jahres können durchschnittlich immerhin 570 000 kWh elektrischer Energie erzeugt werden. Wie bei jedem stehenden Gewässer kann es im Sommer zu einer so genannten Algenblüte kommen, obwohl man beispielsweise mit Hegefischmaßnahmen meist rechtzeitig gegensteuern kann. Der

Rund um Tirschenreuth wird auch heute noch eine intensive Fischzucht betrieben. In der Tirschenreuther Altstadt ist die dichte, geradezu blockhafte Bauweise gut erkennbar. Der große Stadtplatz wird von der Pfarrkirche Mariä Himmelfahrt überragt, deren Flügelaltar ein Kleinod spätgotischer Schnitzkunst ist (rechte Seite).

Phosphateintrag lässt sich jedoch nicht dauerhaft verhindern, da einerseits eine flächendeckende Landwirtschaft im Einzugsgebiet schwerlich unterbunden werden kann, andererseits bei der gegebenen Einwohnerzahl eine chemische Klärstufe bei der Abwasserreinigung wirtschaftlich nicht zu vertreten ist.

Im Bereich von **Tirschenreuth** trennt eine flache Wasserscheide die Waldnaab von der Wondreb und damit vom Eger-Einzugsgebiet. Hier prägen ausgedehnte Teiche das Landschaftsbild. Die weite, flache Teichpfannenlandschaft mit ihren rund 2000 Kleingewässern hatte in früheren Jahren durchaus eine Doppelfunktion: Fische waren im Mittelalter zum einen ein wertvolles Gut, immerhin wurde ein Pfund Fisch mit 6 Pfund Schweinefleisch oder 9 Pfund Schaffleisch aufgewogen. Zum anderen lag Tirschenreuth über Jahrhunderte hinweg gut geschützt zwischen ausgedehnten Weihern. Dennoch ist die flache Wasserscheide eine bequeme Verkehrsverbindung ins böhmische Eger. Beispielsweise erreichte der 37-jährige Johann Wolfgang von Goethe (1749–1832) im September 1786 über diese Route auf seiner „Flucht nach Italien“ das Waldnaabtal. Der Geheimrat reiste damals mit regulären Postkutschen über Waldsassen,

Weiden, Schwandorf, Regensburg, München und Mittenwald gegen Italien (diese Reiseroute wird heute als Europäische Goethe-Straße ausgewiesen). Seine vielen Ämter und Posten im kleinen Fürstentum Weimar waren ihm über den Kopf gewachsen und er nahm sich ohne vorherige Absprache mit seinem Dienstherrn eine eineinhalbjährige „Auszeit", bei vollem Gehalt. Durch die diplomatische Umschreibung seiner Italienreise als „Flucht" verhinderte er wohl die fristlose Kündigung und seine finanzielle Abnabelung. Goethe war ja in Weimar auch oberster Leiter der Wegebaudirektion, was sein Lob über den Straßenzustand zwischen Tirschenreuth und Weiden bemerkenswert erscheinen lässt: „Die aus Granitsand bestehende Straße ist glatt wie eine Tenne und eine vollkommenere ließe sich nicht denken!"

Johann Andreas Schmeller (1785–1852) ist der wohl berühmteste Sohn Tirschenreuths, obwohl er schon als Zweijähriger durch den Umzug der Familie Niederbayer wurde. Nach dem Besuch der Lateinschule in Kloster Scheyern und dem Studium in Ingolstadt und Dillingen fand er keine adäquate Anstellung und wurde Soldat in der Schweizer Armee. Nach mehreren Soldatenjahren kehrte er nach Bayern zurück und begann sich mit den dortigen Mundarten zu beschäftigen. 1821 erschien sein Buch *Die Mundarten Bayerns*. Sein Name wurde bald zum Synonym für den Erhalt der bayerischen Sprache. Obwohl sein Vater nur Korbflechter war, wurde Schmeller schließlich sogar zum Professor für „Altdeutsche resp. Altgermanische Sprachen und ihre Literatur" in München berufen, und dies trotz eines fehlenden Universitätsstudiums und einer nur ehren-

Der schlanke Granitriegel unmittelbar an der Waldnaab, auf dem die Burg Falkenberg erbaut ist, lässt die hohe und geschlossene Anlage noch unbezwingbarer erscheinen.

Im Luftbild macht die Waldnaab im tief eingeschnittenen Erosionstal der Falkenberger Hochfläche ihrem Namen alle Ehre. Zu beiden Seiten rahmt der Falkenberger Wald den Flusslauf ein und schafft in Verbindung mit bizarren Felsformationen ein beliebtes Wandergebiet.

halber verliehenen Promotion (Dr.h.c.). Sein *Bayerisches Wörterbuch* setzte einen hohen Standard und ist heute noch eine wichtige Quelle für Forscher der bayerischen Sprache: „Er überwand als erster die dialektfeindliche Tradition der deutschen Sprachkunde und stellte den Vorrang der Schriftsprache vor den ‚Provinzialsprachen' entschieden in Frage". Er hatte die „Sprache der Bauern in die Stube hoch gelehrter Leute gebracht" und urteilte daher über sich selbst, „nicht ganz umsonst gelebt zu haben". Zu Recht steht die Büste des berühmtesten Mundartforschers Bayerns heute in der Walhalla.

Die Burg **Falkenberg** (*Pilegrin de Valkenperch*), direkt an der Waldnaab auf einer Granitkuppe gelegen, ist eine imposante Burg ohne eigenen Mauerring. Ihre erhöhte Lage auf einem Granitriegel und ihre schroffen, hohen Mauern vermitteln dennoch einen wehrhaften Eindruck. Als Ruine war sie über die Jahrhunderte ein Steinbruch für Jedermann, bevor in den 1930er Jahren ein stilgerechter Wiederaufbau begann, ein Verdienst des Grafen von Schulenberg, der die Ruine aufkaufte und aufwändig sanieren ließ. Dabei hatte der neue Besitzer seine Burg nicht oft gesehen, da er ab 1934 Botschafter in Moskau war. Als Mitverschwörer des Juli-Attentats überlebte Schulenberg das Jahr 1944 nicht. Weiter flussabwärts zeigt sich das Waldnaabtal zwischen Falkenberg bis Windischeschenbach von seiner romantischsten Seite. Wanderer erklären diesen Teil der Waldnaab immer wieder zum schönsten der Region. Der Fluss hat sich zum Teil tief in den Untergrund eingegraben und zahlreiche beeindruckende Felsformationen geschaffen, durch die er sich auf seinem Weg nach Süden zwängen muss. Die phantastischen Felsengebilde haben beispielsweise mit „Kammerwagen", „Tischstein" oder „Butterfass" sogar eigene Namen erhalten. Die Geologen sind sich nicht einig, ob eine Hebung der Granithochfläche bei Falkenberg oder die Tiefenerosion der Waldnaab oder beides zusammen das beeindruckende Tal geschaffen hat. Jedenfalls steht es in diesem Abschnitt seit gut einem halben Jahrhundert unter Naturschutz. Als Geotop ist es zudem ein Schulbeispiel für die Wirkung exogener Kräfte auf einen Granituntergrund.

Die Fuchsmühler Holzschlacht von 1894

Die Wiesau stößt als Nebenfluss aus dem Norden zur Waldnaab. In ihrem Tal hat im Jahr 1894 die kuriose „Holzschlacht" stattgefunden, die noch tief im Volksgedächtnis verankert ist, stellt sie doch gleichzeitig ein jämmerliches Beispiel kleinadeliger Junkerherrlichkeit, militärischer Überheblichkeit und sozialer Verachtung im späten 19. Jahrhundert dar. Streitpunkt war das juristische Verbot des Freiherrn von Zoller, das überlieferte Holzrecht in seinen ausgedehnten Wäldern ausüben zu lassen. Dies war für die Bauern von Fuchsmühl besonders schmerzlich, weil „das bisschen Holzrecht das einzige Einkommen war, womit sie ihre Steuern und Abgaben, so gut es ging, decken konnten". Die Fuchsmühler griffen zur Selbsthilfe und zogen trotz Verbots zum Holzschlagen in den Wald. Der Freiherr forderte daraufhin Militär aus Amberg an, um die Bauern aus seinen Waldungen zu vertreiben. Dabei wurden zwei 69-Jährige, Georg Stock und Leonhard Bauer, durch mehrere Bajonettstiche getötet. Beide waren schwerhörig und wurden sich wohl nicht rechtzeitig der Gefahr bewusst. Andere wurden auf der Flucht schwer verletzt. Für den Mord im Fuchsmühler Wald kamen die Opfer und nicht die Täter vor Gericht. Die juristische Aufarbeitung liest sich heute wie ein frei erfundenes Theaterstück aus der Feder von Ludwig Thoma. Schon die Anklageschrift verdeutlichte das „schräge" Rechtsbewusstsein: „Die 146 Angeklagten werden beschuldigt, in der Landgemeinde Fuchsmühl … mit vereinten Kräften gemeinschaftlich in einem fremden Walde stehendes grünes oder durch den Wind zur Erde niedergeworfenes Holz in der Absicht rechtswidriger Zueignung weggenommen und entwendet zu haben …, wobei die genannten Personen, von welchen die Mehrzahl mit Hacken, Sägen und dergleichen ausgerüstet war, im geschlossenen Zuge und unter Kundmachung ihres Vorhabens in die Waldabteilung „Schrammlohe" des Lehenswaldes des königlichen Kämmerers und Landgerichtsrates Ludwig Freiherr von Zoller gingen, wobei sich auch beliebig viele andere Personen anschließen konnten, und in der genannten freizugänglichen Waldabteilung ohne Befugnis, Erlaubnis und Anweisung seitens des genannten Lehenwaldbesitzers fast durchgehend als Nutzholz verwendbare und als solches größtenteils auch bereits an den Holzhändler Josef Hofmann in Wiesau verkaufte Fichten-, Föhren- und Tannenstämme unterschiedslos in bewusstem und gewolltem Zusammenwirken fällten, aufarbeiteten und als Brennholz aufklafterten. ... Ferner am 30. Oktober 1894 die genannten Personen in der Waldabteilung „Mühltal", welche ebenfalls frei zugängig ist, behufs Fortsetzung des Tags zuvor begonnenen Unternehmens, größtenteils mit den nötigen Werkzeugen ausgerüstet, unter Kundgabe ihres Vorhabens ausmarschierten, wobei sich beliebig viele andere Personen anschließen konnten, so dass in der Waldabteilung „Schrammlohe" beiläufig 55 Klafter Holz aufgeklaftert und weitere 35 Klafter Holz unaufgeklaftert und in der Waldabteilung „Mühltal" beiläufig 50 Stämme lagerten, bis endlich am 30. Oktober 1894 mittags durch das Einschreiten der bewaffneten Macht dem rechtswidrigen Treiben Einhalt getan wurde ...". Im Urteilsspruch Ende April 1895 wurden fast alle Angeklagten schuldig gesprochen, erhielten Gefängnisstrafen und hatten zudem die Gerichtskosten zu tragen. Niemand vom verantwortlichen Militär wurde für den Tod der Bauern belangt; auch der Freiherr kam völlig ungeschoren davon. Kein Wunder also, dass man damals Juristen gerne als „Rechtsverdreher" titulierte.

Windischeschenbach und das Kontinentale Tiefbohrprogramm

Windischeschenbach markiert den Zusammenfluss der (Tirschenreuther) Waldnaab mit der Fichtelnaab; anfangs fehlte der Stadt der Zusatz „Windisch“ im Ortsnamen, der wohl erst zur Unterscheidung des anderen Eschenbach im Einzugsgebiet der Haidenaab zugefügt wurde. Im Mittelalter war einmal vom *Essenbac monachorum*, das andere mal von *Essenbac slavicorum* die Rede, aus dem schließlich „das Wortungetüm Windischeschenbach hervorging“. Der Namenszusatz könnte sich einerseits auf die nahe Lage zu Böhmen („Ort bei den Wenden“), andererseits auf die slawischen Siedler im frühen Mittelalter beziehen. Das heute noch verwendete Wappen deutet mit den drei Sternen auf die drei langjährigen Grundherrschaften der Stadt hin, nämlich die Hofmark, die Leuchtenberger bzw. das Kloster Waldsassen und Störnstein-Neustadt.

Windischeschenbach wurde 1864 an die Eisenbahnstrecke Weiden – Mitterteich angeschlossen. Die Kosten und das wirtschaftliche Risiko hatte die privat finanzierte *Königlich Privilegierte Aktiengesellschaft der Bayerischen Ostbahnen* getragen. Täglich fuhren drei Züge nach Weiden. Schon knapp zehn Jahre später wurde die Bayerische

Im engen Tal der Waldnaab unterhalb Falkenbergs finden sich markante Granitsteine, wie hier zum Beispiel der so genannte Flaschenbovist. Andere auffällige Landmarken sind der Amboss, der Nymphenfelsen, der Teufelssitz oder der Tischstein. Alle diese vom Wasser geschliffenen Granitformationen zeigen eindrucksvoll die Erosionskraft des Elements.

Ostbahn von der staatlichen Bayerischen Staatsbahn übernommen; man hatte in München die wirtschaftliche und militärische Bedeutung des neuen Transportmittels erkannt. Mit der Eisenbahn kam die so genannte Gründerzeit, deren neuer Reichtum im Ort sich beispielsweise in der *Stützelvilla* zeigte. Der kastellartige Bau auf quadratischem Grundriss mit vier Ecktürmen und einer zentralen Kuppel zeigt deutliche Repräsentationsabsichten. Die Medaillons in der Kuppel stellen Allegorien der Wissenschaft, der Industrie, des Handels und der Künste dar. Heute ist ein Jugendhaus darin untergebracht, nachdem der Landkreis das schlossähnliche Gebäude mit großem finanziellen Aufwand saniert und dem Kreisjugendring in Betriebsträgerschaft übergeben hat. Nach dem vollzogenen Eisenbahnanschluss

Heute kreuzt die Autobahn die Waldnaab, die alten Wege einschließlich der Eisenbahn folgten hier noch unmittelbar dem Flusslauf.

Das Kontinentale Tiefbohrprogramm (KTB) erzielte in jahrelanger Arbeit zwar keinen weltweiten Tiefenbohrrekord, dafür aber bahnbrechende wissenschaftliche Erkenntnisse über den geologischen Aufbau der Kollisionsstelle der beiden Kontinentalplatten von Ur-Europa und Ur-Afrika.

wurde die Stadt zum bedeutenden Zentrum der Porzellanherstellung. Anfang des 20. Jahrhunderts bot die Glas- und Porzellanstadt immerhin 1600 Mitarbeitern Arbeit und Brot. Die Weltmarke *Eschenbach Porzellan* beispielsweise wurde über Jahrzehnte hinweg in Windischeschenbach produziert. Erst die 1990er Jahre beendeten trotz vielfältiger staatlicher Hilfeleistungen diese Tradition.

In den 1980er und 1990er Jahren war Windischeschenbach das Wallfahrtsziel vieler Geologen und Bohrtechniker. Es wurde eine Tiefenbohrung bis 9101 m niedergebracht, 10000 m waren geplant gewesen. Der Tiefenrekord von 12260 m aus dem Jahr 1983 auf der im russischen Eismeer gelegenen Insel Kola wurde nicht mehr erreicht. Obwohl in diesen Tiefen bereits ein Druck von rund 3000 bar herrscht, sind sie im Vergleich zu den Dimensionen der Erdkruste nur ein „Nadelstich in der äußersten Schale eines Apfels". Warum gerade in Windischeschenbach gebohrt wurde, liegt an der geologischen Besonderheit der Region: hier hatte nämlich die Kollision zweier Kontinentalplatten, Ur-Europa (*Saxo-Thuringikum*) und Ur-Afrika (*Moldanubikum*), normalerweise tief liegende Teile der Erdkruste in „erbohrbare" Tiefen gebracht und so dem wissenschaftlichen Interesse überhaupt erst zugänglich gemacht. Die diamantbesetzten Bohrmeißel schafften rund 2 m pro Stunde; anfangs hatte das Bohrloch einen Durchmesser von 72 cm. Insgesamt war es vor allem auch eine technische Herausforderung, da die Bohrkerne ja aus immer größeren Tiefen zu bergen waren. Interessanterweise wurde in einem Bohrgutabschnitt sogar fossiles Meerwasser gefunden.

Gegenüber von Windischeschenbach liegt auf einer vorgeschobenen Bergkuppe direkt über der Waldnaab Burg **Neuhaus**. Den runden Bergfried auf dem gesicherten Platz am Steilhang über der Waldnaab hat man aufgrund seines Aussehens auch schon Butterfassturm genannt. Auf dem gemauerten Absatz befand sich ursprünglich ein Wehrgang. Auf der Burg residierte ein Klosterrichter des Stifts Waldsassen. Die große Bedeutung des Richteramts lässt sich aus einer Landkarte des Jahres 1624 erschließen, wo Neuhaus statt Windischeschenbach eingezeichnet ist. Das Richteramt in Neuhaus scheint im ausklingenden 18. Jahrhundert jedoch hauptsächlich als Geldeinnahmequelle benutzt worden zu

Der Name Windischeschenbach war über mehr als ein Jahrhundert mit der Porzellanindustrie verbunden.

Neuhaus mit seinem dominanten, 23 m hohen Butterfassturm markierte über Jahrhunderte eine Grenzstation des Stiftlandes zur bayerischen Oberpfalz mit ihren oft wechselnden Besitzern.

sein, wenn man an die Belanglosigkeit der verhandelten Fälle denkt. Sogar Schwätzen während einer Messe oder Hüten von Weidetieren während des sonntäglichen Gottesdienstes wurde mit Geldstrafen belegt. Ein verbotenes nächtliches Stelldichein wurde ebenso empfindlich bestraft wie der Tanz zu junger Mädchen in Wirtshäusern. Immer fielen beachtliche Gebühren für das Gericht und den Gerichtsdiener an.

Neustadt an der Waldnaab

Die Waldnaab ist Bestandteil des Ortsnamens und setzt dieses **Neustadt** von den vielen Namensvettern im Lande ab. Dabei ist der Stadtname heutzutage eher irreführend, da die *nova civitas* schließlich schon im 13. Jahrhundert bestanden hatte. Die *neue Stadt* war planvoll als lang gezogener, rechteckiger Straßenmarkt angelegt, dessen Umriss sich unverändert erhalten hat. Dieses zur damaligen Zeit weit verbreitete Grundmuster bei Stadtgründungen zeigt sich auch im Katasterplan mit den auffallend gleichmäßigen Grundstücksgrößen. Die dicht aneinander gereihten, farbenfrohen und vielfältig gestalteten Giebelhäuser lassen den Stadtplatz sehr geschlossen erscheinen. Später bildete Neustadt über Jahrhunderte hinweg ein böhmisches Lehen; im Jahre 1562 wurden schließlich die Fürsten von Lobkowitz die Stadtherren und sie blieben es zweieinhalb Jahrhunderte lang. Sie waren es auch, die Neustadt zur kleinen Residenzstadt machten. Das Alte und Neue Schloss runden den schönen Stadtplatz ab und beherbergen heute Ämter und Behörden. Das Alte Schloss ist ein an sich schlichter Bau, der jedoch über eine imposante Arkadenfreitreppe aus dem 16. Jahrhundert verfügt. Das Neue Schloss, im italienischen Barock des frühen 18. Jahrhunderts erbaut, war ursprünglich erheblich größer geplant, jedoch wegen eines Umzugs der Fürstenfamilie nach Böhmen nicht vollendet worden. Die Jahrhunderte langen unterschiedlichen Herrschaften in Neustadt und Weiden bewirkten auch, dass sich in unmittelbarer Nachbarschaft zwei größere Siedlungszentren bilden konnten, ohne in Existenz bedrohende Konkurrenz zueinander zu treten. Dies mag auch der Grund sein, weshalb beide eine gute Koexistenz gefunden haben. Eine Stadt blieb auch nach der Kreisreform der 1970er Jahre Landkreissitz, die andere wurde kreisfreie Stadt, das heißt, beiden verblieben eigene Verwaltungen, was sich rein äußerlich auch an verschiedenen Kfz-Kennzeichen zeigt.

Die „Goldene Straße“ verband in der neuböhmischen Zeit unter Kaiser Karl IV. (1316–1378) alle neuböhmischen Orte der Oberpfalz mit Prag im Osten und Nürnberg im Westen. Manche führen das „golden“ auf die Beziehung zum „Goldenen Prag“ zurück, andere auf den blühenden Handel. Karl IV. hatte im Rahmen seiner Landkaufpolitik 1353 auch Neustadt aufgekauft und weitreichend gefördert – und dabei den Neustädtern auch seinen linken Handschuh als Bekräftigung seiner Schenkungen überlassen (er wird heute noch im Museum aufbewahrt). Daneben erhielten die Neustädter das Privileg, dass im Umkreis einer ganzen Meile „niemand malzen, brauen, schenken, Leder wirken, backen oder schmieden durfte“. Das Stadtsiegel drückt den Wunsch des kaiserlichen Stadtherrn nach treuer Verbundenheit mit dem Königreich Böhmen aus (*Nova Civitas regno Boemie fideliter unita sit*). 1358 wurde mit der so genannten Freihung ein eigener, neuer Ortsteil als Handelsplatz gegründet, an dem Neusiedlern das Bürgerrecht und Zins- und Steuerfreiheit gewährt wurden.

Die „Neue Stadt“ (oder „Neistadl“, wie es die Einheimischen nennen) ist heute die Stadt des Bleikristalls. Die Ansiedlung der ersten Glashütten erfolgte gegen Ende des 19. Jahrhunderts, als sich mit der Fertigstellung der Eisenbahnstrecke Weiden-Neustadt-Eger gegenüber den traditionellen Glasregionen im Bayerischen und Oberpfälzer Wald erhebliche Standortvorteile auftaten. Der Gleisanschluss brachte nicht nur einen vorteilhaften Zugang zur nordböhmischen Braunkohle und ersetzte damit die traditionelle Holzfeuerung, sondern eröffnete gleichzeitig weitere Absatzmärkte. Es wurden sogar Glashütten aus dem Bayerischen Wald hierher verlegt. Des Weiteren kam die technische Entwicklung voran und machte Anfang des 20. Jahrhunderts zum ersten Mal Bleikristall möglich, ein leuchtkräftiges Glas mit bis zu 24% Bleioxidanteil. Das Besondere an diesem Glas ist seine starke Lichtbrechung, weshalb es sich besonders gut für den Schliff eignet. Heute wird die Geschichte der Neustädter Glasfabriken und ihrer „Gloserer“ im Stadtmuseum eindrucksvoll nacherzählt. Das wichtigste Glasunternehmen in Neustadt sind die Nachtmann Bleikristallwerke; sie gehen auf den Glasmacher Michael Nachtmann zurück, der das Unternehmen 1834 zunächst im Bayerischen Wald gegründet hatte. Heute produziert das Unternehmen an fünf weiteren Standorten in Deutschland und setzt auf hohe Fertigungskunst „mit einem unprätentiösen Design“ (so die Firmenwerbung). Immer bringt dabei der richtige Schliff die hervorragende Lichtwirkung des Bleikristalls zur Geltung und damit seine Brillanz zur vollen Entfaltung.

Ein beachtlicher Teil der Bevölkerung Neustadts kam erst nach dem Ende des II. Weltkriegs in die Stadt und ins Tal der Waldnaab, als sich viele sudetendeutsche Flüchtlinge hierher retten konnten. Damals schuf zudem der „Eiserne Vorhang“ das „Zonenrandgebiet“ und schnitt uralte Wirtschaftsverbindungen nach Böhmen ab. Welch tiefe Wunden auf beiden Seiten aufgerissen wurden, sieht man an der schlichten Tatsache, dass sich in Tschechien selbst im beginnenden 21. Jahrhundert die Nachkommen der Täter von 1945 immer noch schwer tun, die Vertreibung von drei Millionen Deutschen für unrecht zu erklären. Dass der ethnische Konflikt eine viel längere Vergangenheit sein eigen nennt, macht eine Lösung des komplexen Problems auch nicht einfacher. Den beiderseitigen Opfern der 1920er, 1930er und 1940er Jahren hilft das ja meist nicht mehr, aber Ehrlichkeit und politische Korrektheit würde eine tragfähige Grundlage einer neuen Nachbarschaft in der EU liefern. Das vergangene Jahrtausend Nachbarschaft hat ja durchaus hoffnungsvollere Zeiten gesehen als die ethnische Unterdrückung der deutschen Minderheit nach 1918, die nationalsozialistische Annexion von 1938 und die ethnische Säuberung nach 1945. Wir sollten daher an die lange

Das Bezirksgut Wöllershof ist ein teichwirtschaftlicher Musterbetrieb, in dem einerseits Teichwirte und Binnenfischer geschult, andererseits neue Methoden der Fischaufzucht und Laichgewinnung erprobt werden. Er knüpft damit an die jahrhundertelange Tradition der Teichwirtschaft in der Region an und hat als Bezirkeinrichtung der Oberpfalz eine Vorbildfunktion für die Region.

Die pittoresk gelegene Wallfahrtskirche St. Quirin. Sie birgt in ihrem eher nüchternen Inneren jedoch eine Besonderheit: einen prächtigen Akanthusaltar, wie er für eine ganze Reihe von Oberpfälzer Kirchen charakteristisch ist.

Vergangenheit guter Beziehungen anknüpfen statt Gefangene der Schatten der jüngeren Geschichte zu bleiben oder gar der kurzsichtigen Versuchung anheim zu fallen, neue Wunden zu schlagen!

Neben dem landwirtschaftlichen Bezirksgut **Wöllershof** betreibt der Regierungsbezirk Oberpfalz auch den teichwirtschaftlichen Beispielsbetrieb Wöllershof, in dem er die Arbeit der Teichwirte fördert. Hier werden nicht nur neue Methoden der Fischaufzucht und Laichgewinnung erprobt, sondern auch Teichwirte und Binnenfischer beraten und geschult. Die Vermehrung und Aufzucht der Karpfen muss sich in der Teichwirtschaft nach den ökologischen Gegebenheiten der Region richten. Dabei müssen Ökologie und Ökonomie in Einklang gebracht werden, das heißt, die Ansprüche der Fische an ihre Umwelt dürfen nicht in einem krassen Widerspruch zur Optimierung des wirtschaftlichen Ertrags stehen. Der Name Wöllershof wird aber auch mit dem Bezirkskrankenhaus verbunden, das eine Fachklinik für Psychosomatik und Psychotherapie und ein Fachkrankenhaus für Abhängigkeitskrankheiten (Rehabilitation) enthält. Das Angebot der Klinik umfasst u. a. ambulante Behandlungen, eine Rehabilitationsabteilung für Alkohol- und Tablettenabhängige und ein Pflegeheim für Psychisch-Langzeitkranke. Über die mittelfristige Zukunft des Standorts wird heftig diskutiert.

Die hoch aufragende Wallfahrtskirche **St. Quirin** nordwestlich von Neustadt stammt aus dem Jahre 1680, als das Land sich langsam vom Dreißigjährigen Krieg erholte und die Bevölkerung wieder eifrig wallfahren ging. Das inmitten grüner Natur liegende Gotteshaus besitzt einen wertvollen Akanthusaltar, dessen stilisierter Bärenklau aus der Distelfamilie die Lieblingszier des Barocks war (siehe Speinshart). Das Stifterwappen am Hochaltar weist die Reichsgrafen als Geldgeber aus. Die Wallfahrtskirche **St. Felix** hoch über dem Waldnaabufer weist mit einem kleeblattförmigen Chor

für die Kapuzinermönche und einem quadratischen Schiff für die Bevölkerung eine originelle Raumlösung auf. Kirchenpatron ist Felix von Cantalice (†1587), der nur wenige Jahrzehnte vor der Grundsteinlegung der Rokokokirche heilig gesprochen wurde. Die am Kirchenbau und seiner Ausstattung beteiligten Künstler stammten allesamt aus der Region (bei sehr vielen Barockwerken waren vornehmlich italienische Baumeister und Handwerker beteiligt). Man sieht dem Kirchenbau deutlich verschiedene Bauphasen an, die ursprüngliche, kleine Kapelle mit dem kleeblattförmigen Grundriss, den zweistöckigen, rechteckigen Anbau sowie den dreigeschossigen Turm mit dem Kuppeldach und der Zwiebel. An eine vorhandene Kapelle wurde also ein

Neben der hoch über der Waldnaab gelegenen Wallfahrtskirche St. Felix befindet sich ein Franziskanerkloster. Gegründet wurde es als Kapuzinerkloster, was auch die Wahl des Kirchenheiligen erklärt: Felix war italienischer Kapuziner.

Die Altstadt von Weiden mit dem geräumigen Stadtplatz und dem frei stehenden Rathaus (rechte Seite).

Zentralbau angehängt und die Kapelle als Chor weiter verwendet. Das Besondere im Kircheninneren sind die großflächigen Fresken, die sich symmetrisch im ansonsten weiß getünchten Raum anordnen.

Weiden – Fachhochschul- und Max-Reger-Stadt

Weiden ist die letzte und zugleich größte Stadt an der Waldnaab. In der *Stat zu der Weiden* kreuzten sich schon im Mittelalter die Handelswege. Eine Siedlung an der Furt über die Waldnaab war die Folge. Bei der Erklärung des Ortsnamens, das heißt, „ob er von Weidenbäumen oder (Vieh)weiden benannt ist", entscheiden sich Mundartkenner für Ersteres, da der eine Begriff „Weidn", der andere „Woadn" ausgesprochen wird. Das alt- oder mittelhochdeutsche *wida* oder *wide* könnte Pate gestanden sein. Weiden war über lange Zeit beides, eine blühende Handelsstadt am Schnittpunkt der „Goldenen Straße" mit der Straße nach Magdeburg und eine Ackerbürgerstadt. Mancher kennt vielleicht den treffenden Spruch: „A Haus in der Stadt, an Acker in der Scheib'n, a Wiesn in der Au – hout a rechter Bürger in der Weydau". Der Marktplatz mit spitzgiebeligen, eng zusammengefügten Bürgerhäusern und dem frei stehenden Rathaus zeugt vom einstigen Glanz, obwohl zwei verheerende Stadtbrände im 16. Jahrhundert von vielen Häusern allenfalls die Grundmauern übrig gelassen hatten. Daher haben die stattlichen Bürgerhäuser an der geschwungenen

Marktstraße alle ein ähnliches Alter. Der auffällig hohe, achteckige Rathausturm sollte in der mittelalterlichen Vorstellung ein Zeichen für die freiheitlichen Rechte der Bürger sein. Unter diesem Glockenturm verlief der Stadtbach, eine künstliche Abzweigung der Schweinnaab. Die südwestliche Giebelfront weist eine repräsentative Freitreppe auf. In früheren Jahrhunderten waren im Rathaus neben der Brotbank diverse Geschäfte untergebracht. Im gekreuzten Durchgang des Erdgeschosses hing eine öffentliche Waage, die alten Stadtmaße des „Weidener Schuhs" und der „Weidener Doppelelle" sind noch an der Ostseite zu sehen. Desgleichen ist der Pranger mit dem Halseisen und der Standplatte zu sehen, wo sich Delinquenten, bewegungsunfähig gemacht, dem Spott ihrer Mitbürger stellen mussten. Vor dem Rathaus erinnern 16 Dolomitkugeln an die schwere Zeit der Hussitenkriege des 15. Jahrhunderts.

Die spätbarocke Michaelskirche steht auf romanischen Grundmauern. Ursprünglich war die älteste Kirche Weidens der nahen Pfarrei Neunkirchen unterstellt, bis sie wegen des Wachstums der Siedlung Weiden ein eigener Pfarreisitz wurde. Die ersten Kirchenbauten sind nicht mehr vorhanden, bilden jedoch den Kern des heutigen Gotteshauses. Gut bezeugt ist der Kirchturmeinsturz im Jahr 1759, zumal nach mehreren Begehungen immer wieder auf Mängel in der Statik hingewiesen und sogar einen Abriss gefordert wurde. Noch drei Jahre vor dem Unglück hatte es die Versicherung gegeben, „daß kein Einsturz zu besorgen sei, da der Turm auf drei Ecken fest und dauerhaft und nur das vordere Eck mangelhaft sei, das man aber durch Bolzen befestigen könnte, dann würde der Turm lange Zeit ohne Gefahr stehen". Der Turm stürzte dennoch ein, begrub den Türmer und seine beiden Gehilfen unter sich und durchschlug dabei auch die Chordecke.

Das Wahrzeichen der Stadt, neben dem historischen Rathaus, ist die dreischiffige Josefskirche mit ihren zwei 64 m hohen Türmen, die unübersehbar das Häusermeer der Altstadt überragen. Die Kirche von 1899/1900 zählt zu den gelungensten neuromanischen Kirchenbauten in Deutschland, die zudem eine hohe architektonische Geschlossenheit auszeichnet. Der Innenraum mit seiner ausgezeichneten Jugendstil-Ausstattung, seiner imposant farbigen Bilderwelt und seinem einheitlichen Dekorationsprogramm verdient besondere Beachtung.

Max Reger (1873–1916), in Brand am Oberlauf der Fichtelnaab geboren, pflegte als Geburtsort „Am Fuß vom Ochsenkopf" anzugeben. Zu seiner großen Freude wurde er an seinem 40. Geburtstag von der Gemeinde Brand zum Ehrenbürger ernannt, obwohl er in Weiden seine Kindheit, Schulzeit und seine Jugendjahre verbracht hatte. Später wurde Adalbert Lindner, Organist an der Weidener Stadtpfarrkirche, sein Lehrer und beispielhafter Mentor („der Schüler ist für die Lehrgegenstände, insbesondere für die Musik, sehr gut beanlagt"). Eine zweite prägende Zeit wurde das Konservatorium in Wiesbaden, in dessen mondäner Weltbadumgebung er zwar zunächst aus Geldmangel nicht einmal die öffentlichen Konzerte besuchen konnte, er jedoch seinen Weg in die große Welt fand. Hier, wie später in München, wurde er mit den Querelen und Intrigen seiner Künstlerkollegen aus der Musikszene konfrontiert und wurde meist Opfer derselben. Seine Militärzeit beim Kurhessischen Füsilierregiment brachte ihm eine nicht unerhebliche Anzahl disziplinarischer Maßregelungen ein. Im Frühjahr 1901 zog Max Reger nach München, um „in absehbarer Zeit an der dortigen Musikakademie einen ihm gemäßen Lehrauftrag zu erhalten". Er fühlte sich in Weiden zudem verkannt („das Beamtentum ist hier von einem grandiosen ‚übermenschlichen' Hochmuth erfüllt bis zum Platzen…").

Obwohl ihn viele Kritiker keineswegs mit Samthandschuhen anpackten (seine „Unmusik" wurde einmal als

Die dreischiffige Stadtpfarrkirche St. Josef mit ihrer einmaligen Ausstattung im Jugendstil markiert die Stelle, an der die geschlossene mittelalterliche Stadtgestalt in die offenere des 19. und 20. Jahrhunderts übergeht.

das Produkt eines offenbar Irrsinnigen hingestellt), ergaben sich für Reger doch in wachsendem Umfang Möglichkeiten für auswärtige Konzertverpflichtungen. Vor allem in den größeren Städten des Auslands fand er dankbare Zuhörer und konnte überwältigende Erfolge erzielen. In den Niederlanden fand er ein geradezu „regertolles Publikum". Bald wurde Max Reger Universitätsmusikdirektor in Leipzig und Leiter einer Kompositionsklasse am dortigen Konservatorium. In der Atmosphäre der Bachstadt sah er eine angenehme Herausforderung „als Inbegriff lebendiger Geistigkeit und Pflegestätte einzigartiger kirchenmusikalischer Überlieferung". Welche Wertschätzung Regers Arbeit genoss, lässt sich an dem Angebot eines Leipziger Verlages ersehen, „ihm ein Jahresfixum von 10 000 Reichsmark zu gewähren, wenn er die Zahl der auswärtigen Konzerte auf zwölf begrenze". Mit diesem „Ruhevertrag" wollte man Reger an die Musikstadt Leipzig binden und ihm schöpferische Unabhängigkeit bieten. 1911 wurde er gegen manche Widerstände Hofkapellmeister in Sachsen-Meiningen. Allerdings überforderte er sich körperlich und seelisch derart, dass er im Frühjahr 1914 einen gesundheitlichen Zusammenbruch hinnehmen musste. Reger schonte sich daraufhin zwar einige Zeit, ab Herbst 1915 begann jedoch wieder „die alte Hetzjagd mit einem enormen Tagungsprogramm in allen Teilen Deutschlands". Im März gastierte er sogar wieder in den Niederlanden, trotz der „dortigen überwiegend deutschfeindlichen Stimmung". In der Nacht vom 10. auf den 11. Mai riss ihn schließlich, erst 43-jährig, der Tod aus seinem gehetzten Leben; neben ihm lagen die unfertigen Korrekturabzüge seines letzten Werks.

Weiden hat sich zu einem beachtlichen wirtschaftlichen Zentrum der Region entwickelt, mit heute rund 43 000 Einwohnern. Manche Firmen werden in einem Atemzug mit Weiden genannt, wie beispielsweise Porzellan Bauscher, Seltmann-Weiden oder Witt-Weiden. Der 23-jährige gelernte Zimmermann Josef Witt hatte 1907 ein kleines Kolonialwarengeschäft übernommen, es konsequent erweitert und dabei einen immer größeren Kundenstamm aufgebaut, indem er als Hausierer mit dem Buckelkorb übers Land zog. Dabei hinterließ er seinen Kunden Angebotslisten, aus denen diese per Nachnahme Bestellungen tätigen konnten. Gleichzeitig inserierte er deutschlandweit in den wichtigsten Zeitungen, um für seine Angebote aus Eigenfertigung zu werben. 1934 war Josef Witt bereits Kommerzienrat, beschäftigte rund 5000 Mitarbeiter und erwirtschaftete mit seinem Unternehmen einen Jahresumsatz von 86 Millionen Reichsmark; er hatte Witt-Weiden zur unangefochtenen Nr.1 im deutschen Versandgeschäft mit einem geschätzten Marktanteil von rund 50% des Textilversandhandels gemacht. Nach einer wechselvollen Geschichte wurde das Unternehmen schließlich 1987 von einem anderen Versandunternehmen, dem Otto-Versand, übernommen. In Sachen Porzellan kann Weiden gleich mit zwei weltweit operierenden Firmen aufwarten: Bauscher und Seltmann. Letztere wurde als Fabrik für Gebrauchs- und Luxusporzellan im Jahre 1910 von Christian Seltmann gegründet, Zweigwerke in Krummennaab und Erbendorf kamen hinzu. Noch heute ist Seltmann ein reines Familienunternehmen. Der Name Seltmann steht dabei für eine breite Produktpalette, die Hotel- und Systemhartporzellan ebenso einschließt wie Haushaltsporzellan, Geschenkserien und Figuren. Vor allem in den USA wird mit „Logo Royal Tettau" geworben, zurückgehend auf die ehemalige „Königlich-Privilegierte Porzellanfabrik Tettau". Besonders stolz ist man auf die Geschäftsbeziehungen zum Fünf-Sterne-Hotel „Shangri'La Traders" in Dubai am Persischen Golf. Als Fabrik für Gastronomieporzellan wurde Porzellan Bauscher im Jahr 1881 von den Gebrüdern Bauscher gegründet, die sich damals auf einen Aufschwung der Gastronomie spezialisierten und von Anfang an auf die „strikte Funktionalität von Hotelporzellan" setzten. Bereits 1890 wurden sämtliche Schiffe der Norddeutschen Lloyd AG mit Bauscher Porzellan ausgestattet, bald wurden Filialen in New York, London und Luzern eröffnet. Bauscher stieg auf zum weltweit modernsten Produzenten für Hartporzellan, der heute mit dem griffigen Werbeslogan „Individualität in jeder Form" vor allem die gehobene Gastronomie bedient.

Seit wenigen Jahren ist Weiden auch Fachhochschulstandort. Es war ein langer und harter politischer Kampf zwischen Weiden und Amberg um die Neugründung der Fachhochschule gewesen, der schließlich von München aus durchaus salomonisch mit einem Doppelstandort, aber einer gemeinsamen Fachhochschule entschieden wurde. Unter dem Dach der FH Amberg-Weiden wird eine breite Palette von praxisorientierten Studiengängen angeboten. Dies schließt die Elektro- und Informationstechnik ebenso ein wie den Maschinenbau und die Umwelttechnik, die Betriebswirtschaft und das Wirtschaftsingenieurswesen. Der Hochschulstandort ist einer der jüngsten in Bayern und er wurde unter dem ausdrücklichen Vorzeichen der regionalen Förderung eingerichtet. Daher ist einer der zentralen Leitsätze der Fachhochschule ein konsequenter Dialog mit der regionalen Wirtschaft und die spezifische Ausbildung hoch qualifizierter Fachkräfte. Ein weiterer wichtiger Aspekt des Leitbildes ist das „Setzen von Impulsen für wirtschaftliche und technische Innovationen" und die intensive Mitarbeit an der Stärkung der regionalen Kompetenz.

Vor den Toren Weidens erstrecken sich die weiten Wasserflächen des Süßloher Weihers sowie des Haid- und Furthweihers.

Das Tal der Fichtel- und Schweinnaab

Die Fichtelnaab und die Schweinnaab sind kurze Nebenflüsse in jeweils schmalen Talräumen. Die 39 km lange Fichtelnaab war im Mittelalter ein Grenzfluss, der mit *Crumbanaba* einen ganz anderen Namen hatte. In einem Dokument des 11. Jahrhunderts wurde der Fluss zur Grenzziehung einer Landschenkung herangezogen: „wo die Surbaha [heute Höllbach] in die Crumbanaba [Fichtelnaab] mündet und hinauf zur Quelle der Crumbanaba [am Ochsenkopf] und zur Quelle der Surbaha [Platte - Hohe Matze] und von da zur Quelle des Trewina [Trebnitz] und die Trewina hinab bis zu dem Weg, der von der Eger kommt und auf dem Weg bis zur Surbaha und in die Surbaha abwärts bis zur Crumbanaba in der Grafschaft des Grafen Heinrich im Nordgau … gelegen ist". Die Quelle der Fichtelnaab liegt in 867 m Höhe am Südostabhang des Ochsenkopfs. Schon im Ortsgebiet des oberfränkischen Fichtelberg hat dieser Naabquellfluss gut 100 Höhenmeter überwunden. Hier mündet auch Wasser aus dem Fichtelsee, der heute ein beliebtes Ausflugsziel für die Region darstellt. Die große Wasserfläche des Sees ist über die Jahrhunderte durch Torfabbau und künstliche Eindeichung entstanden. Die heutigen Dimensionen des Gewässers stammen erst aus den 1980er Jahren, als ein neuer Staudamm fertig gestellt wurde. Jetzt misst die Seefläche rund 10 ha, die normale Stauhöhe liegt auf 752 m, der Inhalt beträgt eine gute halbe Million m^3. Der größere Teil des Sees dient der Erholung, nur der nördliche Abschnitt ist als Naturschutzgebiet ausgewiesen.

Der Fichtelsee ist das größte Wasserreservoire, das aus dem Wasser der Fichtelnaab gespeist wird. Der See ist heute eine der Hauptattraktionen im Fichtelgebirge.

Waldeck und Erbendorf

Die Fichtelnaab schlängelt sich als kleines Flüsschen nach Süden. Fichtelberg, Mehlmeisel, Brand, Ebnath und Neusorg sind die ersten Orte an ihrem Ufer. Kurz vor Brand, dem Geburtsort von Max Reger (siehe Weiden), erreicht das Flüsschen die Oberpfalz. Zwei dominante Erhebungen grenzen das Fichtelnaabtal vom westlich gelegenen Haidenaabtal ab, der Armesberg (731m) und der Schlossberg (641m) von **Waldeck**. Der eine ist mit einer weithin sichtbaren Wallfahrtskirche gekrönt, der andere mit einer Burgruine. Die Wallfahrtskirche auf dem Armesberg ist ein wuchtiger und dennoch graziös wirkender Rundbau mit einem voran gestellten Turm. Sie stammt aus dem 19. Jahrhundert und ersetzt einen kleineren Vorgängerbau, der 1819 einem Blitzschlag zum Opfer gefallen war. Die Ruine auf dem Schlossberg von Waldeck zählt zu den ältesten Anlagen der nördlichen Oberpfalz und war lange Zeit deren wichtigste Burg. Im September 1704 wurde sie jedoch während des spanischen Erbfolgekrieges nach zehnmonatiger Belagerung durch kaiserlich-österreichische Truppen eingenommen und zerstört. Bald danach wieder aufgebaut, kam das Ende 1794 in einem verheerenden Brand, dem auch der alte Markt Waldeck am Bergabhang zum Opfer fiel. Die Ortschaft wurde weiter nördlich als planmäßige Straßensiedlung komplett neu aufgebaut. Die einst stolze

Der Basaltkegel des Armesberg ist wie so manche Erhebung der nordwestlichen Oberpfalz vulkanischen Ursprungs.

Die Burg auf dem Waldecker Schlossberg wird im 12. Jahrhundert urkundlich zum ersten Mal erwähnt, als Besitz der Leuchtenberger.

Das heutige Waldeck ist lediglich etwas mehr als 200 Jahre alt, da der alte Ort am Fuß des Schlossbergs Ende des 18. Jahrhunderts nach einer verheerenden Brandkatastrophe planmäßig wieder aufgebaut wurde (rechte Seite).

Burg musste dabei als Steinbruch herhalten. Dennoch zeigen die Mauerreste die ursprüngliche Ausdehnung und Anordnung der Gebäude, was auch auf das Engagement fleißiger Schülerhände zurückgeht, die in vielen Projekttagen die Ruinen sicherten und eingefallene Mauern wieder aufbauten.

Erbendorf an der Fichtelnaab war lange Zeit ein wichtiges Bergbauzentrum. Im Erbendorfer Becken hatte sich in den weiten Sumpfseen der Karbonzeit durch die Einbettung von baumgroßen Schachtelhalmen im schlammigen Untergrund Steinkohle bilden können. Bezeichnend ist ein Bericht aus der Mitte des 17. Jahrhunderts: „Durch Gottes Segen ist auf diesem Berggelände der Gang mächtig, das Erz rein und unrein, mit Feuersetzen, doch mehr mit Sprengen in der Meng zu gewinnen … " Insgesamt scheint es über die Jahrhunderte hinweg immer wieder hoffnungsvolle Ansätze gegeben zu haben, wobei man aber früher oder später meist die gleiche Erfahrung machen musste, dass nämlich ein längerfristiger Abbau nicht lohnt; dazu waren die Kohle führenden Gänge zu unregelmäßig und zu wenig ergiebig.

Auch der Basaltkegel des Parkstein erinnert an den einstigen Vulkanismus in der Oberpfalz.

Das Tal der Schweinnaab: rund um den Parkstein

Anders als die Waldnaab und die Fichtelnaab fließt die Schweinnaab nicht mehr durch das kristalline Grundgebirge. Der größte Teil des 28 km langen Flusstales besteht aus einem Kreideuntergrund, bevor bei **Parkstein** das Bruchschollenland erreicht wird. Die markanteste Erscheinung weit über das Tal hinaus ist der Kegel des Parksteins (594m). Er erinnert von der Form her zwar an einen aktiven Vulkan, ist jedoch ein so genannter Härtling eines ehemaligen Förderschlots, dessen umgebendes Gestein im Laufe der Zeit einer vollständigen Erosion zum Opfer gefallen ist. Zusammen mit seinen Nebenkegeln ist der Parkstein der verbliebene Rest einer 25–30 m breiten vulkanischen Förderspalte, die senkrecht mit Feldspatbasalt gefüllt ist, in dem auch Granitbrocken aus tieferem Untergrund eingeschlossen sind. Mit Hilfe der K-Ar-Methode, einer chemischen Altersbestimmung für Zeiträume von Jahrmillionen, wurde das Alter auf 24 Millionen Jahre eingegrenzt. Damals hatte rund 1150°C heiße Magma sowohl das kristalline Grundgebirge als auch die darüber liegenden Keuperschichten durchstoßen; auf Grund des schnellen Abkühlungsprozesses des Basalts und der damit verbundenen

Erbendorf ist bereits im 12. Jahrhundert als Marktsiedlung entstanden und hat durch Kaiser Karl IV. das Stadtrecht zugesprochen bekommen (linke Seite).

Im Abendrot hebt sich die Silhouette des Parkstein stimmungsvoll vom Horizont ab.

Schrumpfung konnten sich dabei regelmäßige Säulenstrukturen ausbilden, die heute vor allem an der 38 m hohen, steilen Ostwand frei gelegt sind. Die mitunter gekrümmten fünf- und sechseckigen Säulen haben einen Durchmesser von 10–30 cm und zeigen eine ungewöhnliche, fächerförmige Anordnung. Da im Laufe der Jahrmillionen das umgebende Gestein verwittert ist, überragt der Parkstein heute die Umgebung immerhin um rund 150 m. Für Alexander von Humboldt (1769–1859) war der Parkstein schlichtweg der schönste Basaltkegel Europas. Heute steht der Berg als Geotop unter staatlichem Schutz.

Parkstein war ein früh befestigter Platz im Nordgäu. Noch im Dreißigjährigen Krieg hatte sich der Kegel als uneinnehmbare Festung erwiesen und einer viermonatigen Belagerung durch die Schweden standgehalten, obwohl neue Waffentechniken Burgen zunehmend verwundbarer machten. Die Burganlage hatte bis dahin unterschiedlichen Besitzern gehört: den Grafen von Sulzbach, den Staufern unter Friedrich Barbarossa, den bayerischen Wittelsbachern, der Nürnberger Reichsvogtei, den „Neuböhmen“ oder den Leuchtenbergern. Was sich heute in den Geschichtsbüchern als neuböhmisches Intermezzo liest, war eine groß angelegte Landkaufaktion von Kaiser Karl IV. (1316–1378). Unter einem hohen finanziellen Einsatz kaufte er alle verfügbaren Ländereien in Nordbayern auf, um eine Landbrücke zwischen Böhmen und seinen Erblanden im Westen zu schaffen. Karl schaffte es in seiner Kaiserzeit, die eigene böhmische Hausmacht zu stärken und innerhalb des Reichs eine bedeutsame Position zu errichten. Vor allem von den Bamberger Bischöfen und dem fränkischen Kleinadel erwarb er systematisch Oberpfälzer Land, so dass bereits 1360 der größte Teil der nördlichen und mittleren Oberpfalz neuböhmisches Gebiet war. Daneben arrangierte er einträgliche Eheschließungen, indem er seine Kinder, Neffen und Nichten, Cousins und Cousinen Gewinn bringend und nach streng politischen Gesichtspunkten verheiratete. Dies galt im Übrigen auch für ihn selbst, da er seine vier Ehefrauen ebenfalls im Hinblick auf ihre Mitgift ausgewählt zu haben scheint. Des Weiteren hielt er sich konsequent aus kriegerischen Verwicklungen heraus und schonte somit seine Ressourcen, so dass er als Friedenskaiser in die Geschichte einging. Dennoch musste Karl im Jahre 1376 sein erfolgreich zusammengekauftes Neuböhmen wieder aufgeben, als er von den Wittelsbachern die Mark Brandenburg bekommen konnte und eines der Preisgelder dafür Neuböhmen war. Seine „politische Handschrift" war jedoch über Jahrhunderte hinweg in der Region vorherrschend, da er sein neues Land nach Kräften gefördert hatte.

Das Tal der Haidenaab

Die Haidenaab fließt nahezu ihrer gesamten Länge nach durch Bruchschollenland. Auffallend ist der ausgesprochen flache Charakter des Flusstales, ganz im Gegensatz beispielsweise zum engen Fichtelnaabtal. Die insgesamt 57 km lange Haidenaab entspringt im Fichtelgebirge mit je einem Quellfluss am Kreuzstein (826 m) und am Poppenberg (658 m). Wasserundurchlässige Lehmschichten lassen im Haidenaabtal viele Moore, Sümpfe und Weiher zu. Daher erscheint die Namensdeutung Schmellers auch zweifelhaft, der den Flussnamen mit einer Heide und einer flachen, trockenen, waldlosen Gegend erklärte. Jedenfalls dürfte die Haidenaab der am häufigsten falsch geschriebene Fluss der Oberpfalz sein; manche Landkarten enthalten bis zu drei verschiedene Schreibweisen innerhalb derselben Ausgabe.

Von Kemnath über den Kulm nach Pressath

Kemnath ist der erste stattliche Ort am Oberlauf der Haidenaab. In *Keminata in pago Nortgowe* kreuzten sich schon früh bedeutende Fernhandelsstraßen aus dem fränkischen, nordböhmischen und mitteldeutschen Raum, so dass Zolleinnahmen und das Stellen von Geleitzügen eine wichtige

Am Oberlauf der Haidenaab.

Einkommensquelle waren. Die aus dieser besonderen Lage heraus resultierenden vorteilhaften wirtschaftlichen Bedingungen des Ortes zeigen sich noch Jahrhunderte später an der gut erhaltenen spätgotischen Hallenkirche. Der Kirchenbau spiegelt etwas vom damaligen Wohlstand. Der stimmungsvolle, dreischiffige Bau mit seinen kräftigen Rundpfeilern und dem Kreuzrippengewölbe wird von Fachleuten gerne als „reifste Gotik“ bewertet. Der Turm der Stadtpfarrkirche fungierte gleichzeitig als östlicher Stadttorturm und schließt den lang gestreckten Marktplatz ab. Heute führt der Verkehr am Tor vorbei, da die angrenzende Stadtmauer längst durchbrochen ist. Der tragische Brand der Stadt im Mai 1572 war für Kemnath ein dramatischer Einschnitt. Als Brandstifter ist namentlich ein Herr Kastner überliefert, der nach längerer Abwesenheit nach Kemnath zurückgekommen war, um beim Magistrat sein dort hinterlegtes Erbteil einzufordern. Er war jedoch abgewiesen worden. Aus Verbitterung darüber soll er um Mitternacht an drei Stellen gleichzeitig Feuer gelegt haben, dem binnen weniger Stunden die ganze Stadt zum Opfer fiel: „Während Kemnath in einem Feuermeere stand, befand sich Kastner auf dem Anzenstein (von dem aus er auf die brennende Stadt herabblickte), woselbst er einen ironischen Brief an den Stadt-Magistrat hinterließ, und seitdem nicht wieder zum Vorschein kam“. Dieser Bekennerbrief ist heute allerdings verloren.

Kemnath hat zwei berühmte Wissenschaftler hervorgebracht: Matthias Widman (1430–1476) war Hofkaplan in Heidelberg und wurde mit einer Fürstenchronik des Kurfürsten Friedrich des Siegreichen bekannt. Das Werk von *Matthias Widmann de Kempnat* folgte zwar dem Volksspruch „Wes Brot ich eß, des Lied ich sing“ und ist daher nicht für bare Münze zu nehmen, jedoch: „Seine Geschichte Friedrichs ist zwar ein höfisches und schmeichlerisches Werk, bietet aber in Anlage, Darstellung und Stoff so viel Eigentümliches und Reizendes, dass man es getrost zu den interessantesten Leistungen des ausgehenden Mittelalters und der anbrechenden neuen Zeit zählen darf“. Interessanterweise hatte er in seine Chronik auch eine Beschreibung des Fichtelgebirges eingeflochten, dem damaligen Grenzgebirge zum Herrschaftsgebiet des Markgrafen von Brandenburg, das mit „undurchdringlichen Wäldern“ bedeckt war. Der zweite berühmte Kemnather ist Georg Horn (1620–1670), der sich auch *Georgius Hornius Kemnathensis* nannte.

Im Haidenaabtal finden sich an verschiedenen Abschnitten Aneinanderreihungen von Weihern, in denen auch heute noch intensive Fischzucht betrieben wird.

Die Geschichte von Wolframshof in Kastl – ein ansehnliches Schloss mit mehreren Wirtschaftsgebäuden – reicht bis ins 11. Jahrhundert zurück.

Vor allem wegen seiner beiden Bücher über den englischen Bürgerkrieg (1642–48) wurde er Historikprofessor an der neu gegründeten Universität Harderwijk in den Niederlanden. Ein halbes Jahrzehnt später erhielt er an der Universität Leyden den Lehrstuhl für Geschichte und Geographie und hatte damit den Olymp der damaligen Wissenschaft erreicht. Von einer gewissen Sehnsucht zu seiner Heimat Oberpfalz zeugt sein 1667 erschienenes Werk *Orbis Politicus*, in dem er den Rauhen Kulm besonders heraushebt: „Im Mittelpunkt Deutschlands steht er, alle Berge weit und breit überragend, gewissermaßen ein Weltwunder." Erst sein Lebensende wurde von einer Affäre überschattet, die ihm bittere Enttäuschung einbrachte und 5000 Golddukaten kostete: der Professor war auf einen Alchemisten hereingefallen, der ihm die Kunst des Goldmachens beibringen wollte.

Der kleine Ort **Kastl** war 1796 Stätte einer erfolgreichen Schlacht gegen französische Invasoren. Dieser französisch-österreichische Krieg war vornehmlich in bayerischen Landen ausgetragen worden. Die Bevölkerung der Kemnather Gegend war über die marodierenden Franzosen empört und glaubte zudem „angesichts der weiten Entfernung ihrer Gegend von der Rückzugsstraße des französischen Heeres keine ernstliche Gefahr fürchten zu müssen". Man wehrte sich gemeinsam gegen Marodeure, die das nahe Kastl eingeschlossen hatten: die bewaffnete Bürgerschaft Kemnaths stellte die Eindringlinge und stürzte sich „voll Ingrimm"

Der ovale Umriss Kemnaths zeigt den spätmittelalterlichen Stadtkern und den Verlauf der einstigen Stadtmauern (linke Seite).

auf den Feind, als einer der Ihren niedergestreckt wurde. Mehrere Franzosen wurden getötet, einige gefangen genommen und vierzig Gewehre erbeutet. Die französische Armee befand sich auf dem Rückzug und hatte in den kommenden Tagen Wichtigeres zu tun, als diese kleine militärische Scharte wieder auszuwetzen.

Neustadt am Kulm war seit dem 12. Jahrhundert eine fränkische Enklave im Oberpfälzer Land: „Wüßte der Wanderer von Kulmneustadts Vorgeschichte auch gar nichts weiter, so könnte er doch dieser Stadt ihre Herkunft aufs Gesicht zusagen. Es ist merkwürdig, wie sich die Städteanlagen der Zollerngebiete mit verblüffender Deutlichkeit hervorheben!“ Neustadt wurde daher noch vor 100 Jahren bezeichnet als „durchaus eigenartige Stadtpersönlichkeit, die kennen gelernt zu haben für den Heimatforscher Bereicherung und Erlebnis bedeutet“. Neustadt ist eine typische, planmäßig angelegte Gründungsstadt, bei der sich die Hauptdurchgangsader in der Ortsmitte zu einem Marktplatz mit einem frei stehenden Rathaus erweitert. Jedes Haus hat eine repräsentative Stirnseite zum Stadtmarkt und kein Haus gleicht in Größe, Farbgebung oder Giebelgestaltung dem anderen. Dem Stadtplatz sieht man heute den letzten großen Schicksalsschlag nicht mehr an, als am 19. April 1945 US-amerikanische Bomber das bis dahin noch vollständig erhaltene historische Ensemble mit dem spätgotischen Stadttor und dem Rathaus von 1654 innerhalb einer einzigen Stunde auslöschten. Man bedenke, dass zu dieser Zeit der Krieg längst schon entschieden war und solche sinnlosen Bombardements keinen militärischen Nutzen mehr haben konnten. Die Stadtpfarrkirche liegt etwas zurückgesetzt und damit vom Straßen- bzw. Marktlärm verschont und ist ein eher seltenes Beispiel eines protestantischen Kirchenneubaus in der Oberpfalz. Neustadt war nämlich wegen seiner Zugehörigkeit zur Markgrafschaft seit der Reformationszeit durchgehend protestantisch. Im Gegensatz zu den katholischen Regionen, in denen barocke Kirchen geradezu aus dem Boden schossen, schufen protestantische Gemeinden meist nur neue Inneneinrichtungen in älteren Bauten.

682 m hoch erhebt sich der Rauhe Kulm über seine waldreiche Umgebung.

Die steinzeitlichen Ringwälle auf dem **Rauhen Kulm** könnten schon früh dem Schutz der historischen Fernverbindungen nach Norden zur Saale gedient haben. Der Name Kulm als solcher könnte slawische Wurzeln haben (*chulum, chlmina* = Berg, Kuppe, Hügel) oder lateinische (*culmen* = Berg, Berggipfel). Georg Horn aus Kemnath beschrieb den Rauhen Kulm 1667 in seinem Buch *Orbis Politicus* (siehe oben) folgendermaßen: „Und was die Erhaben-

heit Neustadts noch steigert, da sind die zwei Berge, die an beiden Enden der Stadt aufsteigen ... Kulm nennt die das Volk“. Wahrscheinlich lag in diesen Worten ein guter Schuss Heimweh, da es Horn beruflich in die fernen Niederlande verschlagen hatte. Der Rauhe Kulm ist ein typischer Basaltkegel vulkanischen Ursprungs, auch wenn die Sagenwelt andere Erklärungen bietet: „Vom Rauhen Kulm, der einst von einem Riesengeschlecht bewohnt war, ging eines Abends ein Jungferlein den Berg hinunter, sich die Gegend zu beschauen und fand auf der Ebene einen Bauern mit seinen Ochsen pflügen. Es hatte noch nie Menschen getroffen und sah deshalb freudig erstaunt den kleinen Dingern zu, welche sich immer bewegten und doch so langsam vom Platze kamen. Während das Riesenfräulein so seine Neugier befriedigte, brach die Nacht herein. Ohne viel zu grübeln, raffte es nun ein Stück Ackerland in die Schürze, legte ganz sachte das vom leisen Fingerdruck schon ohnmächtige Bäuerlein mit Gespann und Pflug darauf und eilte, das neue Spielzeug auf die Burg zu bringen und dem Vater zu zeigen. In der Eile aber riß das Schurzband – die Last mochte dafür zu schwer gewesen sein – und alles fiel zu Boden. Die Erde ließ nun das Kind liegen, und sie liegt heute noch da, wo sie der Schürze entfiel – es ist der ‚Kuhkübel‘, eine kleine Erhebung östlich des Kulms“.

Der Ortsname **Pressath** hat als „Ort vor dem Bergrücken“ eine slawische Sprachwurzel. Im Haidenaabtal gibt es außerdem einige Orts- und Flurnamen mit der Endung *–itz*, die meist als slawischen Ursprungs gedeutet werden. Das Stadtwappen Pressaths enthält das Rautenmuster als Symbol der Wittelsbacherherrschaft, die Krone zeugt vom Pfälzer Löwen. Von hier aus scheinen umfangreiche Rodungen erfolgt zu sein, wie beispielsweise der Ortsname Pfaffenreuth zu erkennen gibt. Die frühe Besiedelung und die herrschaftliche Entwicklung sind zwar als Zeitraum nicht mehr eindeutig nachweisbar, doch erscheinen Pressath und seine Umgebung (Zessau, Freckau) in einer

Aus der Ferne eine unübersehbare Landmarke: der Rauhe Kulm, dessen Vulkankegel die Entstehung von Sagen immer wieder förderte.

Obwohl als Stadt vergleichsweise jung – die Erhebung erfolgte erst 1845 – kann Pressath dennoch auf eine lange Geschichte zurückblicken.

Schenkungsurkunde Kaiser Heinrichs II. für das neu gegründete Bistum Bamberg. Die späteren Herren, die Leuchtenberger, verliehen 1396 das Gebiet: „Item Wolfart Wilde hat zu lehen den zehend zu Zeissach über das dorf bey Pressat". Südöstlich von Pressath zeugt das gut erhaltene Wasserschloss in **Dießfurt** mit einem dreigeschossigen Turm vom Wohlstand früherer Besitzer. Dießfurt ist ein interessantes Beispiel eines Oberpfälzer Hammerschlosses und wohl das bedeutendste Wasserschloss des Haidenaabtales. Sein Besitzer war 1387 der *Hammerwerkseinung* Amberg-Sulzbach beigetreten. Ursprünglich war die Anlage ganz von Wasser umgeben. Der Turm ist ein dreigeschossiger, frühgotischer Bau mit mehreren Schießscharten. Der markante Erker aus rotem Sandstein gibt dem Wohnturm sein charakteristisches Gepräge. In der Anlage liegt auch das Neue Schloss mit einem runden Wehrturm und einer Kapelle.

Pressath ist einer von neun Partnern des TUWOHL-Projekts (*T*al- *u*nd *W*eiherlandschaften des *O*berpfälzer *H*ügel*l*andes), das zusammen mit Nachbargemeinden auf einer Fläche von rund 1750 ha ein Landschaftspflegekonzept verfolgt. Seit 1996 werden schrittweise Flächen entweder aus der landwirtschaftlichen Nutzung genommen oder biotopverbessernde Massnahmen eingeleitet oder Gewässer renaturiert. Unter dem Schwerpunkt einer naturverträglichen Erholung und einer Bewahrung des landschaftlichen Potenzials wurden im Verlauf der Haidenaab und der Creußen Talauen erhalten, der ökologische Landbau ausgebaut und Einkommensmöglichkeiten in Land-, Forst- und Teichwirtschaft erweitert. Gerade deshalb fügt sich dieses Projekt in die Philosophie des Naturparkgedankens ein, der zunehmend auch zum Standortvorteil für die Region wird, da man „da leben und arbeiten kann, wo andere Urlaub machen".

Neustadt am Kulm, eine planmäßig angelegte Siedlung mittelalterlichen Ursprungs (linke Seite).

Das Wasserschloss Dießfurt mit dem hübschen, charkateristischen Turm ist ein besonders gut erhaltenes Beispiel eines Oberpfälzer Hammerschlosses.

Speinshart und Eschenbach

Speinshart liegt in einer weiten Talmulde und war dennoch über Jahrhunderte hinweg schon äußerlich der Mittelpunkt der Landschaft. Das Prämonstratenserkloster war zum Urbarmachen des Grenzlandes gegründet worden. Mönche waren im mittelalterlichen Grenz- und Rodungsland willkommene Kolonisatoren, da sie auch selbst Hand anlegten und dadurch tatkräftig bei der Kultivierungsarbeit mithalfen. Klöster waren meist Rodungskeimzellen und trieben die Urbarmachung des Landes voran. Sie waren Erbbegräbnisstätten für Stifter, für deren Seelenheil täglich gebetet wurde. In der Reformationszeit wurde **Speinshart** zum ersten Mal säkularisiert und erst nach dem Dreißigjährigen Krieg wieder neu gegründet, der die Oberpfalz wieder katholisch, aber auch bettelarm gemacht hatte. Nach der wirtschaftlichen Genesung des Landes setzte auch in Speinshart ein „Frühling des Klosterbaus" ein, als landesweit viele Stifte ihre prächtigen Gotteshäuser erhielten. Die Kunstrichtung des überquellenden Barocks kann auch sicherlich als Antwort auf die Grauen des Krieges verstanden werden, als sich die Menschen nach Pracht, Glanz und Reichtum sehnten. Dabei war der Begriff Barock ursprünglich eine abwertende Bezeichnung, die sich aus dem portugiesischen Namen für Ausschussperlen (*barocco*) abgeleitet hatte.

Der Baumeister für den Neubau, Wolfgang Dientzenhofer (1648–1706), war einer von sechs Brüdern, von denen fünf berühmte Baumeister wurden. Er entwarf einen Bau mit durchdachten Maßverhältnissen; Symmetrien hatten ja eine große Bedeutung in barocken Bauentwürfen! In der Vorhalle schildert ein Fresko die Klostergründung. In der Symbolik des Barocks werden die göttlichen und sittlichen Tugenden dargestellt, einerseits Glaube, Hoffnung, Liebe und andererseits Demut, Keuschheit und Askese. Über der Orgel sind schließlich die Kardinaltugenden symbolisiert:

Wappen am Neuen Schloss von Dießfurt.

Klugheit (Frau mit Buch), Gerechtigkeit (Liktorenbündel), Starkmut (Mann mit Löwe) und Mäßigkeit (Mutter zieht dem Kind die Essschale weg). Das Kirchengestühl ist wegen der Stuhlwangen mit dem stilisierten Akanthuslaub berühmt. Dieses verschlungene Blattwerk einer mediterranen Distelart wird gerne als typisch oberpfälzische oder böhmische Erfindung angesehen, kam jedoch im Gefolge des italienischen Akanthusstucks im 17. Jahrhundert in die Oberpfalz, wo es sich als Markenzeichen des Barocks entwickelte. Man unterscheidet zwischen einer tief eingeschnittenen, gezahnten (*A. spinosus*) und einer weichen Spielart (*A. mollis*), die als „Lieblingszier des Barocks" das dominierende Stilelement schlechthin darstellt und „sich an Decken und Wänden entlang kräuselte, am Chorgestühl empor züngelte sowie Kanzeln, Altäre und sakrale Gegenstände verzierte". Erst später kam das Muschel- und Gitterwerk des Rokoko in Mode, ohne das Akanthusornament ganz abzulösen.

Das alte Landkreiswappen von **Eschenbach** zeigt uns mit seiner Symbolik die historischen Wurzeln des Landstrichs: der Pfälzer Löwe steht für die kurfürstlich-bayerische Vergangenheit, die Krummstäbe für den kirchlichen Einfluss, einerseits aus dem alten Reichsgut des Bistums Bamberg, andererseits aus den Klöstern Michelfeld und Speinshart. Eschenbach hatte 1358 von Kaiser Karl IV. in einer wortreichen Urkunde das Stadtrecht erhalten: „Wir Karl von Gottes Gnaden römischer Kaiser, zu allen Zeiten Mehrer des Reiches und König zu Böhmen, berichten und tun öffentlich kund mit diesem Brief allen denen, die ihn sehen oder lesen oder hören, dass wir die getreuen, willigen und steten Dienste, mit denen die Bürger von Eschenbach unser Gnaden vormals behilflich gewesen sind und in künftigen Zeiten mit größerem Fleiße und Treuen sein sollen, angesehen haben. … Beurkundet, versiegelt mit unserem kaiserlichen Insiegel, gegeben zu Prag 1358 nach Christi Geburt, Donnerstag nach dem Obristentag in dem zwölften Jahr unseres Reiches und im dritten Jahr des Kaisertums." Eschenbach ist eine planvoll angelegte Gründungsstadt mit gleichmäßig parzellierten Hofstätten, regelmäßigen Straßenführungen und einem zentralen Straßenmarkt. Das Rathaus steht frei in der Mitte des langen, leicht keilförmigen Stadtplatzes mit zwei Namen: Marienplatz im Osten, Karlsplatz im Westen. Zwei Kirchen schließen ihn an beiden Enden ab, St. Laurentius und die Mariahilfkirche. Erstere steht auf romanischen Grundmauern und könnte zunächst eine flache Decke gehabt haben, bevor sie später ein gotisches Kreuzrippengewölbe erhielt, das mit seinen rotbraunen Gewölberippen architektonische Leichtigkeit ausstrahlt. Der Hauptaltar fügt sich harmonisch in das Halbrund des spätgotischen Chors ein.

Der Streit um Wolfram von Eschenbach ist uralt und wurde im Jahre 1917 mit der Ortsnamensänderung des fränkischen Wolframseschenbach (vorläufig?) entschieden. Damals war die bayerische Staatsregierung den Argumenten des fränkischen Eschenbachs gefolgt und hatte dem neuen Ortsnamen zugestimmt. Ganz so, als ob es im Kriegsjahr 1917 nicht drängendere Probleme gegeben hätte! Dabei hatte das oberpfälzische Eschenbach gute, ja bessere Argumente: Wolfram war nämlich aus Bayern gekommen, wie eine Urkunde aus dem Jahre 1284 beweist – und für das fränkische Eschenbach trifft dies nicht zu! Dennoch hatte letzteres im Jahr 1837 in Professor Schmeller einen starken Mitstreiter gefunden, obwohl dieser selbst ein geborener Oberpfälzer war. Er hatte den Streit wohl im Scherz mit demjenigen griechischer Städte um den Geburtsort Homers verglichen: „Alle Orte sind so-wenig bedeutend, dass man sich nicht wundern darf, wenn

Das Besondere am Kirchengestühl von Speinshart ist das stilisierte Akanthuslaub, das als verschlungenes Blattwerk einer mediterranen Distelart geradezu ein Markenzeichen des Barocks darstellt. Das Klosterdorf Speinshart lässt in seinem Grundriss und den noch erhaltenen Mauerzügen noch viel von der ursprünglichen, mittelalterlichen Anlage erahnen (linke Seite).

Der lang gestreckte und leicht keilförmige Stadtplatz von Eschenbach wird von zwei Kirchen abgeschlossen.

1696/97 erhielt die Klosterkirche Speinshart von oberitalienischen Künstlern ihre wertvolle Barockausstattung. Carlo Domenico Luchese schuf den schweren und plastischen Stuck, der durch die pastellartigen Farbtöne seine reizvolle Wirkung erzielt (linke Seite).

bisher kaum einer daran gedacht hat, diese Ehre in Anspruch zu nehmen, geschweige denn mit Beweismittel dafür aufzutreten". Dabei könnte nach Lage der Dinge ein entscheidendes Beweismittel, ein Stein mit der Aufschrift Wolfram, im Jahre 1819 beim Abbruch der Wolfgangskapelle zertrümmert worden sein. Seither hofft man auf neue Funde.

Grafenwöhr und sein Truppenübungsplatz

Vor einem Jahrhundert hatte das Militär eine unangefochtene Stellung in unserer Gesellschaft: Forderungen der Militärs wurde schnell nachgekommen, auch wenn Hunderte von Mitbürgern heimatlos wurden! Die bayerischen Könige des 19. Jahrhunderts hatten ausnahmslos das Heer kurz gehalten, erst Prinzregent Luitpolt († 1912) rüstete es auf und verschaffte ihm dabei auch ausgedehnte Übungsplätze. Diese Suche führte auch bald nach **Grafenwöhr**, das jedoch zunächst „wegen des sumpfigen, moorigen Geländes als für einen Truppenübungsplatz unbrauchbar" abgelehnt wurde. Interessanterweise wurde der Ort in einem zweiten Anlauf „gerade des Sumpfgeländes wegen besonders gut als Zielgebiet und durch die zahlreichen Höhen als ausgezeichnete Beobachtungsmöglichkeit" erachtet. Der Bürgermeister bedankte sich deswegen artig beim königlichen Kriegsministerium und brachte seine Hoffnung zum Ausdruck, dass „Grafenwöhr nun aus der bescheidenen Stellung, welche es trotz seines hohen Alters bisher einnahm, durch den Truppenübungsplatz herausgehoben werde". Er tat dies trotz der „Absiedlung" vieler Mitbürger, die dabei ihr Zuhause verloren.

Eine tragisch-komische Geschichte wird berichtet, als ein Kommandeur seinen sofortigen Abschied („am Platze") nehmen musste, nachdem er im Manöver die gegnerische Armee des Prinzregenten oder eines Königlichen Prinzen eingekreist und zur Kapitulation gezwungen hatte. Diese letzte Konsequenz verbot der Respekt vor dem

Königshaus. Der bittere, kurze Kommentar des Entlassenen: „Wer was kann, wird pensioniert!" Nach dem I. Weltkrieg forderte das Militär bald eine „Erweiterung des Platzes nach Westen" um gut 14 300 ha, um „Übungen im Großverband unter Einbeziehung der Panzerwaffe und schwerer Artillerie" durchführen zu können; die Kosten beliefen sich auf 40 Millionen Reichsmark und weitere rund 3 500 Menschen wurden aus ihrer Heimat vertrieben. Wenige Jahrzehnte später war die Zeit der Wehrmacht in Grafenwöhr wieder vorbei und US-Verbände besetzten den Platz am 20. April 1945. Der Übungsplatz wurde der Bevölkerung dennoch nicht zurückgegeben. Vielmehr übernahm die amerikanische Besatzungsmacht das Gelände. Für die Menschen der Region bedeutet dies weiterhin ein Leben mit dem Schießlärm.

Grafenwöhr sollte auch mit einer Episode verbunden werden, die sich im Jahre 1942 am nahen Röthenbacher Bahnhof zugetragen hatte. Ein junger Russe hatte sich freiwillig zum Arbeitsdienst nach Deutschland gemeldet, wohl um daheim dem Krieg zu entgehen. Dafür hatte er sich mit den Papieren eines Freundes „um ein Jahr älter gemacht". Nach langer Fahrt im Güterzug war er in der Oberpfalz angekommen und von einem kriegsversehrten Bauern vom Bahnhof abgeholt worden. Doch schon am Bahnhof hatte er das Grollen der Kanonen (vom nahen Truppenübungsplatz Grafenwöhr) gehört und war zu Tode erschrocken, hatte er doch geglaubt, im friedlichen Land des Siegers angekommen zu sein. Dieser junge Fremdarbeiter hatte sich hingegen in der Oberpfalz schließlich derart wohl gefühlt, dass er im Mai 1945 aus dem tschechischen Auffanglager zur Rückführung ehemaliger Ostgefangener ausbrach und in „sein" Dorf zurückkehrte. Dort war er zwar drei Jahre lang Zwangsarbeiter gewesen, hatte aber eine zweite Heimat gefunden, in den 1950er Jahren eingeheiratet und hier den Rest seines Lebens verbracht.

Seit rund 60 Jahren bestimmt das US-Militär das Leben in Grafenwöhr. Wie bei vielen anderen Truppenbasen wird auch hier mitten in Europa ein kleines Stück Amerika geboten. Für die Berufssoldaten, die meist nur wenige Jahre an ihren jeweiligen Standorten zubringen, soll auf diese Weise der Eindruck eines Stücks Heimat im fernen Europa erweckt werden: es wird mit Dollars bezahlt, eigene Supermärkte bieten ein breites US-Warensortiment an, das Benzin ist zu billigen US-Preisen zu haben und Einkäufe in deutschen Geschäften sind steuerfrei, da die Mehrwertsteuer entweder rückerstattet wird oder gleich gar nicht zu entrichten ist. Dennoch ist die US-Präsenz ein wichtiger Wirtschaftsfaktor in Grafenwöhr, so dass die immer wieder aufkeimenden Schließungs-

Kaltenbrunn ist eine alte Köhlersiedlung am Lindenbach, dessen Wasser über den Röthenbach zur Haidenaab fließt.

Frei stehende Rathäuser, wie hier in Eschenbach, sind typisch für wittelsbachische Stadtgründungen im Mittelalter (linke Seite).

Der Aussichtsturm von Rödlas markiert gleichzeitig die Wasserscheide zwischen der Vils und der Naab. Von hier aus konnte man vor der Gemeindegebietsreform in den 1970er Jahren in sieben Landkreise schauen.

diskussionen den Kommunalpolitikern Schweißperlen auf die Stirn treiben. Ohne den Truppenübungsplatz erwarten Grafenwöhr und seine Umgebung große wirtschaftliche Probleme. Die jüngsten Kürzungspläne der US-Administration hatten bislang (noch?) keinen Einfluss auf die Oberpfälzer Standorte, während andere US-Basen an verschiedenen Stellen Deutschlands durchaus bereits aufgelöst wurden.

Entlang von Röthenbach, Steinbach und Eichelbach

Der Röthenbach speist sich aus mehreren kleinen Zuflüssen und dem Röthelweiher inmitten des Truppenübungsplatzes. An einem dieser Zuflüsse, dem Lindenbach, liegt mit **Kaltenbrunn** der erste größere Ort im Einzugsgebiet des Röthenbachs. Der Markt ist seit knapp 100 Jahren durch seine Lage direkt am Truppenübungsplatz von gut zwei Dritteln seines alten Hinterlandes abgeschnitten. Kaltenbrunn wurde früher mehrfach seines Trinkbrunnens wegen gerühmt, der „auch in Dürrejahren nicht versiegte und den ganzen Markt mit Wasser versorgte". Folgerichtig wurde bei Gemeindevisitationen auch darauf geachtet, „ob dieser Brunnen auch nach seiner Würde, Lauterkeit und Klarheit und Frische seines Wassers im gehörigen Stande gehalten" wurde (ein Zitat aus dem Jahre 1835). Folglich zeigt das Marktsiegel auch einen Trinkbrunnen. Ursprünglich war Kaltenbrunn wohl eine Köhlersiedlung gewesen, die für die benachbarten Eisenhämmer an der Haidenaab den großen Bedarf an Holzkohle befriedigte. Das neuböhmische Salbuch (1363) beschreibt Kaltenbrunn als ein Bauerndorf mit einer ganzen Reihe von Höfen, die genau festgelegte Abgaben zu leisten hatten. Im Jahr 1397 ist bereits von einem Markt die Rede, wenig später hatte Kaltenbrunn ein eigenes Gericht, das sogar über Leben und Tod entscheiden konnte. Aus der reinen Köhlersiedlung war also ein Siedlungszentrum mit weit reichenden Rechten und einer gewissen Selbstverwaltung entstanden.

Der **Schickenhof** bei Kaltenbrunn liegt direkt an der Wasserscheide der Haidenaab zur Vils. Hier wurde Johannes Stark (1874–1957) geboren, der bislang einzige Nobelpreisträger der Oberpfalz. Im Nachkriegsjahr 1919 erhielt er die höchste wissenschaftliche Auszeichnung für Physik. Johannes Stark hatte das Alte Gymnasium in Re-

Die Fertigung von Floatglas hat dem Ort Weiherhammer europaweite Handelsbeziehungen verschafft.

Viele ehemalige Sand- und Kiesgruben im Haidenaabtal sind heute wieder der Natur überlassen (vorhergehende Seite).

Das Dorf Kohlberg, dessen Name die Geschichte als Kohlenmeiler innerhalb einer Rodungsinsel sinnfällig ausdrückt.

gensburg besucht und als Primaner mit „ernstem, allseitigem Interesse" sehr gute Prüfungsergebnisse erzielt, danach Physik und Mathematik in München studiert und war über Hannover und Aachen nach Greifswald gekommen. Den Nobelpreis erhielt er für die bahnbrechende Entdeckung des „Starkeffekts", besonderen Spektrallinien angeregter Atome, die sich im elektrischen Feld in mehrere Linien aufspalten lassen. Er selbst beschrieb seinen entscheidenden Versuch später so: „… setzte ich eines Nachmittags meine Aufnahme an Kanalstrahlen in einer Mischung von Wasserstoff und Helium in Gang. … begab mich, ganz allein im Institut, zur Entwicklung meiner Aufnahme in die Dunkelkammer. Als die Platte noch im Fixierbad lag, nahm ich sie für kurze Zeit heraus, um nach dem Spektrum im schwachen gelben Licht der Dunkelkammer zu sehen. Ich gewahrte an der Stelle der Wasserstofflinie mehrere Linien, während die benachbarten Heliumlinien einfach erschienen. Nun wußte ich bereits, dass ich den neuen Effekt entdeckt hatte …". Schon 1923 setzte sich Professor Stark trotz seiner erst 47 Lebensjahre

Die ehemalige Kirchenburg Radschin in Etzenricht sollte mit dem ummauerten Friedhof in früheren Zeiten bei kriegerischen Auseinandersetzungen eine sichere Zuflucht bieten.

zur Ruhe, um sich fortan ausschließlich der Wissenschaft widmen zu können. Seiner unermüdlichen Arbeitsenergie entsprangen immerhin gut 300 wissenschaftliche Publikationen. 1933 betätigte er sich jedoch auch politisch und ließ sich zum Präsidenten der „Physikalisch-Technischen Reichsanstalt" berufen, ebenso zum Präsidenten der „Notgemeinschaft der deutschen Wissenschaft" (der heutigen Deutschen Forschungs-Gemeinschaft). Diese Zeit wurde ihm später sehr angelastet, obwohl er sich 1939 mit 65 Jahren endgültig ins Privatleben zurückgezogen hatte. Es ist für unsere Generation erstaunlich, dass nach dem Krieg manchen Wissenschaftlern ein Neuanfang gewährt wurde, anderen dagegen nicht. Der Österreicher Konrad Lorenz beispielsweise war ein begeisterter Bewunderer Hitlers gewesen und hatte seine Wissenschaft „zum Nutzen Deutschlands vor 1945" eingesetzt. Ihm wurde mit einem eigenen Institut eine zweite Chance gegeben, die sogar zum Nobelpreis führte: nach dem Krieg wurde

Konrad Lorenz der Mann, der den Graugänsen als Vaterfigur diente. Johannes Stark dagegen starb 1957 mit 83 Jahren fast völlig vergessen.

In Sichtweite der Berghütte bei **Rödlas** entspringt der Steinbach, der die Wasserscheide zwischen Haidenaab und Vils markiert und dem Röthenbach weiteres Wasser liefert. Ober- und Untersteinbach sind die ersten Orte am Steinbach. Die Ausflugsgaststätte auf dem Berg wurde in den 1970er Jahren in unzähligen ehrenamtlichen Arbeitsstunden von Waldvereinsmitgliedern errichtet. Einerseits passiert hier eine beliebte überregionale Wanderroute, andererseits ist eine Aussicht bis weit ins Fichtelgebirge und in den Oberpfälzer Wald möglich. Die Endung *–las* ist dabei aus der Verkleinerungssilbe *-lein(s)* entstanden, der erste Namensteil des Weilers geht auf eine mittelalterliche Rodung zurück. Auch aus Rödlas wird eine Kriegsgeschichte berichtet: Ein junger Mann war 1944 wegen schwerer Verwundungen aus der Wehrmacht entlassen, jedoch vom „linientreuen“ Bürgermeister durch persönliche Intervention erneut an die Ostfront geschickt worden. Er überlebte die restlichen Kriegsmonate, geriet in russische Gefangenschaft und kam nach drei langen Jahren unter Anwendung der lebensgefährlichen Finte eines heimlichen Hungerstreiks frei, indem er seine kümmerlichen Brotrationen verschenkte, um schließlich als unwirtschaftliche Arbeitskraft nach Deutschland entlassen zu werden. Er kam jedoch nach wochenlangen Fahrten in Viehtransportern in einem solch jämmerlichen Zustand nach Hause, dass er zunächst nur vom hoch betagten Hofhund auf Anhieb erkannt wurde. Der besagte Dorfbürgermeister war inzwischen verstorben, ohne für sein Treiben im Dritten Reich belangt worden zu sein.

Wieder direkt am Röthenbach liegt inmitten einer Rodungsinsel der frühere herrschaftliche Ort **Röthenbach**. Mehrere größere Weiher umgeben ihn, beispielsweise der Blauseufzer-Weiher, der Fuhrweiher oder der Mühlweiher. Der Ort des Freiherrn von Röthenbach hat einen langen wirtschaftlichen Niedergang hinter sich, dem bis in die 1960er Jahre die Glasfabrik, die Brauerei, die Mühle, ein Sägewerk sowie große landwirtschaftliche Flächen zum Opfer gefallen sind. Das Hammerschloss mit einer schönen Fassade und einem rustizierten Portal ist noch ein Bau aus „guten Tagen“. Aus den vergangenen freiherrlichen Zeiten Röthenbachs gibt es eine amüsante „Beichtgeschichte“, die auch im Nachhinein noch etwas schmunzeln lässt: Die Getreidemühle war eine begehrte Arbeitsstätte für Tagelöhner aus der Umgebung, unter anderem auch für einen Kleinbauern aus Massenricht. Dieser hatte bald der Versuchung nicht widerstehen können, von dem Überfluss an Getreide ein wenig für seine ärmlichen Verhältnisse zu Hause abzuzweigen. Daher war er auf die Idee verfallen, die Beinkleider seiner Hose doppelt zu vernähen und die entstandenen Hohlräume im Laufe des Arbeitstages jeweils mit Getreide zu füllen. Nach Feierabend hatte er dann immer mit ‚schweren' Hosen seinen langen Heimweg angetreten und so den Hunger in seinem kargen Heim wohl etwas vermindern können. Er war niemals dabei erwischt worden, hatte jedoch offenbar mit einem schlechten Gewissen gekämpft, dessen er sich anlässlich einer Wallfahrt auf den Amberger Mariahilfberg in der Beichte zu entledigen suchte. Der Beichtvater hatte sich die Situation genau schildern lassen und zur Überraschung des reuigen Sünders nur ein kleines Gebet zur Sühne verhängt, und dies mit der Begründung, der lange Heimweg mit den ‚schweren' Hosen sei schließlich Buße genug gewesen. Lange Zeit später hatte der Schwerenöter schließlich das bis dahin gehütete Geheimnis seiner Stammtischrunde anvertraut, so dass wir noch heute um den Tatbestand wissen.

Direkt an der Mündung des Röthenbachs liegt **Weiherhammer**, dessen erste Holzhäuser auf das Jahr 1730

Im Morgennebel ist die flache Wasserscheide zwischen Vils und Naab bei Obersteinbach nur zu erahnen.

zurückgehen dürften, als die kleine Siedlung Weihersdorf, später Beckendorf, hieß, bevor der jetzige Ortsname entstand. Wichtigster Arbeitgeber ist heute die gewaltige Glasfabrik, in der im so genannten Floatglasverfahren Flachglas hergestellt wird. Dieses Ende der 1950er Jahre von Alastair Pilkington (1920–1995) erfundene Verfahren hatte innerhalb weniger Jahre die Glasproduktion revolutioniert: Pilkington selbst wurde für seine bahnbrechende Leistung im Jahr 1970 geadelt. Floatglas liefert nämlich ohne aufwändiges Schleifen und Polieren ideale glatte Oberflächen, da das flüssige Glasband kontinuierlich auf ein flüssiges Zinnbad ausgegossen wird und anschließend einen ca. 150 m langen Kühlkanal durchläuft. Beim langsamen Abkühlen entsteht dabei eine spiegelblanke Oberfläche. Diese neue Float-Technik (*float* [engl.] = treiben, schwimmen) ist der Grund, weshalb heutzutage hochwertiges Fensterglas vergleichsweise preiswert zu haben ist. Dabei kann durch spezielle Beschichtung nicht nur ein Wärmeschutzglas hergestellt werden, sondern auch ein selbst reinigendes Glas, das auf dem ganzen europäischen Markt angeboten wird. In Weiherhammer produzieren zwei Fertigungslinien rund um die Uhr.

Bei Oberwildenau trifft die Haidenaab auf die Waldnaab. Ab hier gibt es nur mehr einen Fluss namens Naab, die so bildhaften Bezeichnungen für die Quellflüsse verschwinden.

Fast am Anfang des Eichelbachs liegt **Kohlberg** an einem weit gestreckten Nordwesthang. Der Ortsname bezieht sich auf die Kohlmeilervergangenheit, was auch der Grund für den „waagrechten, gestümmelten, schwarzen Baumast" im Ortswappen darstellt. Holzkohle brauchte man früher in großen Mengen zum Schmelzen des vor Ort geförderten Eisenerzes. Die Lage an der „Goldenen Straße" hatte zwar in Friedenszeiten große Vorteile, brachte jedoch in Kriegszeiten großes Unheil in den Markt. Beispielsweise legten kroatische Soldaten mitten im Dreißigjährigen Krieg den ganzen Ort in Schutt und Asche. Damals half auch die romanische Kirchenwehranlage nicht, deren Reste trotz der Zerstörungen des Jahres 1634 im Turm und im Langhaus noch zu erkennen sind. Auch heute wirkt die Kirche mit ihrem gut erhaltenen, wieder hergestellten Bering noch wie eine kleine Burg.

Gegenüber der Mündung des Eichelbachs liegt **Etzenricht**, dessen Ortsname auf eine Rodungssiedlung hinweist; der Volksmund spricht von „Atzariad". Die blaue Rodungshaue im Ortswappen, eine Axt auf weißem Grund, soll auf diese Vergangenheit hinweisen. Der Bienenkorb und der Fisch berücksichtigen zwei wichtige Berufszweige der Ortschaft. Zeidler waren Imker, die früher mit ihrem Handwerk an den Wald gebunden waren und eine große wirtschaftliche Bedeutung hatten, da Honig das einzige verfügbare Süßungsmittel war. Einzig Etzenricht wurde im neuböhmischen Salbuch des Jahres 1363 als Honigdorf genannt, dessen Bauern als einzige im ganzen Amt Parkstein Honigzins leisteten. Diese besondere Einnahmequelle mag auch der Grund sein, weshalb Etzenricht der am zweithöchsten besteuerte Ort im Amt Parkstein war. Man hatte auch ein eigenes Honigmaß. Der Honig wurde mit Honigwagen zu den Endverbrauchern transportiert, für deren Geleitschutz jeweils drei Heller anfielen. Eine weitere Besonderheit ist die Kirchenburg, der so genannte Radschin, dessen Friedhofsmauer Kirche und Friedhof fast kreisrund umgibt. Kleine Orte hatten weder Ummauerungen noch Burgen, so dass solche Kirchenburgen im Ernstfall wichtige Zufluchtsstätten waren.

Das Granit-Tal der Naab

Mit dem Zusammenfluss der Haidenaab und der Waldnaab südlich von Weiden verschwindet das Präfix und wir sprechen von der „Naab". Der geologische Untergrund dagegen bleibt gleich, wie bei der Waldnaab und Fichtelnaab besteht er aus Granit und Gneis (siehe das Kapitel „Geologische Schichten"). Die Formation des Urgebirges erlaubte an dieser Stelle der Naab seit altersher zusätzlich zur Nord-Süd-Verkehrsachse eine Querverbindung, da bei Waidhaus eine verkehrsfähige Verbindung nach Prag sowie eine andere über das Ehenbachtal und über Hirschau nach Nürnberg gegeben war. Also kreuzten sich bei **Luhe** die alte fränkische West-Ost-Heerstraße (von Nürnberg nach Prag) und die in Nord-Süd-Richtung verlaufende Königsstraße zwischen Regensburg und Magdeburg. Im Ortswappen von Luhe bezieht sich der halbe Adler auf gelbem Grund auf die Vergangenheit als Königsgut. Auch das ehemalige Landsassengut in Unterwildenau mit den Resten einer Ringmauer ist ein Relikt aus alten Tagen.

Blick durch den Torbogen in das ehemalige Landsassengut in Unterwildenau.

Unterwildenau, nur eine kurze Strecke unterhalb des Zusammenflusses von Wald- und Haidenaab gelegen.

Wernberg – neuer Glanz in alten Mauern

Viel von der Bausubstanz von Burg **Wernberg** stammt aus dem 16. Jahrhundert, schließt jedoch ältere Teile ein. Wie die meisten Burgen geht wohl auch Wernberg auf die Zeit vor der ersten Jahrtausendwende zurück, als der deutsche Kaiser Heinrich I. den Burgenbau als Abwehrmittel gegen die immer wieder einfallenden Ungarn nutzte. Sein Nachfolger Kaiser Otto I. hatte dann im Jahr 950 die Markgrafschaft auf dem Nordgäu (deren Grenzen ungefähr der heutigen Oberpfalz entsprachen) den Babenbergern gegeben, die ihrerseits weitere feste Burgsitze in der Region gründeten. Eine Burg auf dem isolierten Hügel nahe der Naab mag sich daraus ergeben haben, obwohl eine erste urkundliche Nennung erst aus dem Jahre 1280 stammt, als ein Besitzerwechsel dokumentiert wurde. Der steil abfallende Berg mit natürlichen Flanken an drei Seiten war gut zu befestigen; nur von der Südseite her war ein leicht zu verteidigender Zugang möglich. Die Lage der Burg war also gut gewählt, einerseits an der Naab, andererseits an den Handelsachsen Nürnberg-Prag und Regensburg-Magdeburg. Ein weiteres urkundlich festgehaltenes Datum der Burg ist 1367, als die Burgherrschaft unter Kaiser Karl IV. böhmisches Lehen wurde. Nach wechselndem Besitz fiel Wernberg schließlich im 18. Jahrhundert

Die Burg Wernberg lag auf dem exponierten Hügel über die Jahrhunderte gut geschützt, so dass die historische Bausubstanz bis in unsere Tage erhalten geblieben ist. Eine umfassende Sanierung in den 1990er Jahren ließ die Burg in neuem Glanz erstrahlen (siehe auch folgende Seite).

Unterköblitz, heute ein Teil der Gemeinde Wernberg-Köblitz, reicht bis an die Ufer der Naab.

an Bayern. Erst 1992 wurde die Gemeinde Wernberg Besitzer der Anlage.

Nach einer aufwändigen Renovierung in den 1990er Jahren erstrahlt die Burg heute in neuem Glanz und beherbergt ein Hotel sowie ein Gourmet-Restaurant. Mit der Sanierung waren durchaus neue Wege beschritten worden, da sich die Anlage weiterhin in kommunalem Besitz befindet und daher in den Genuss einer großzügigen öffentlichen Förderung kam. Die Gemeinde übernahm die Restaurierung und ließ Wernberg zu einem Hotel- und Tagungskomplex ausbauen. Anschließend wurde das Objekt auf 99 Jahre an den heutigen Betreiber verpachtet. Die Rechnung scheint aufzugehen: Schon bald nach der Eröffnung im Jahr 1998 stieg das Restaurant zu den „Top 100" in Deutschland auf, im Jahr darauf gelang der „Griff nach den Sternen" und dem Gourmet-Restaurant „Kastell" von Burg Wernberg wurde der erste Michelin-Stern verliehen. Im Jahr 2000 wurde das Hotel bei Relais & Chateaux aufgenommen, der wohl prominentesten Hotelvereinigung der Welt.

Zwischen Wernberg und Pfreimd kreuzt am Naabufer die neue Ost-West-Autobahn von Waidhaus nach Nürnberg und trifft auf die Nord-Südverbindung Hof–Regensburg. Seit den 1990er Jahren war vor allem die Ortsdurchfahrt Wernbergs hoffnungslos mit Lastwagen und Autos überlastet. Es war für Fußgänger oft nahezu unmöglich, die Straße zu queren. Politisches Gezerre um die genaue Tras-

sierung und die fehlende finanzielle Absicherung der Verwirklichung der neuen Autobahn ließ jedoch Jahr um Jahr vergehen, ohne dass konkrete Hoffnungen bei den Betroffenen aufkommen konnten. Natürlich wurden auch Fehler gemacht. Dies begann schon damit, dass massive politische Einflussnahme die Autobahntrasse südlich von Amberg haben wollte, obwohl dafür bei Theuern eine „schicke" Betonbrücke über das Vilstal notwendig wurde. Wirtschaftliche Gründe hätten eindeutig für eine nördliche (und deutlich kürzere) Trassierung mit einer größeren Nähe zu Sulzbach, Vilseck, Hirschau und Schnaittenbach gesprochen. Angesichts der Millionenkosten schon eines einzigen Autobahnkilometers wünscht man sich (wieder einmal) die Durchsetzung eines scharfen persönlichen Haftungsprinzips von Verantwortlichen für Steuergeldverschwendung in Politik und Verwaltung! Dieses würde nicht nur den zunehmend strapazierten Staatskassen, sondern sehr oft auch der Natur gut tun.

Der Ortsname Köblitz leitet sich wohl aus dem Slawischen ab und könnte Pferd/Stute (*kobyla*) bedeutet haben. Er entwickelte sich dabei aus *Koblitz* und *Chobolst* über *Chöblitz*, wie aus dem Pfarreienverzeichnis des Regensburger Bistums zu entnehmen ist. **Oberköblitz** besitzt eine sehenswerte Kirche mit einem wehrhaft wirkenden, ummauerten Friedhof, der zum Teil von einem tiefen Graben umgeben ist. Solche Wehrkirchen, meist mit einem gedrungenen Turm, waren in früheren Zeiten oft der einzige Schutz, wenn Kriegshorden das Land durchstreiften und die Bewohner sich hinter die starken Mauern der Kirchhöfe flüchten konnten. Wehrhafte Stadtmauern waren nur den etablierten Städten erlaubt. Sehr wahrscheinlich verlief zwischen der St. Emmeramskirche und dem alten Pfarrhof die alte Handelsstraße nach Magdeburg, der bis in die Neuzeit eine große wirtschaftliche Bedeutung zukam. Die heutige Rokokoinnenausstattung mit den Schnitzereien und Fresken stammt aus der Mitte des 18. Jahrhunderts.

Seit einem knappen Jahrzehnt ist der Name Wernberg-Köblitz mit dem Logistikzentrum der Firma Conrad verbunden, einem begehrten Arbeitgeber der Region. Das Unternehmen hatte seine Erfolgsgeschichte in den ersten Nachkriegsjahren im benachbarten Hirschau begonnen, wo sich nach wie vor der Firmenhauptsitz befindet. In den 1920er und 1930er Jahren war Elektro-Conrad ein führender Großhändler elektrischer Bauteile in Berlin, bevor die Umsiedlung nach Hirschau erfolgte. Hier erfolgte auch die Entwicklung zu Europas größtem Electronik-Versandhandelsunternehmen, das inzwischen in 137 Länder der Welt liefert. Heute verlassen bis zu 20000 Pakete täglich das Haus und Millionen Kunden nutzen den direkten Einkauf beim Unternehmen.

Leuchtenberg im Luhetal

Die weithin sichtbare, gewaltige Burgruine mit ihrem 24 m hohen Bergfried auf einem Granitkegel über dem Luhetal ist wohl die berühmteste Burganlage der gesamten Oberpfalz. Sie war über Jahrhunderte hinweg Stammsitz der Leuchtenberger, die seit 1158 Grafen und 1196 Landgrafen waren und schließlich im 15. Jahrhundert zu Reichsfürsten aufstiegen. Ein äußerer Bering schützte die Vorburg und ein mächtiger Torbau den Aufgang zur inneren Burg. Der Bergfried erlaubte nicht nur eine letzte Zuflucht, wenn der Gegner wirklich bis zum Burghof vorgedrungen war, sondern auch einen sehr guten Rundblick auf heran nahende Angreifer. Im Süden der Innenburg befinden sich die Mauern des Palas mit der Wohnung der herrschaftlichen Familie. Die wesentlichen Teile der Leuchtenburg stammen aus dem Mittelalter, jedoch wurde sie mehrmals beschädigt und geplündert. **Leuchtenberg** lag an der so genannten „Verbotenen Route", die über Vohenstrauß, Pleystein nach Prag führte und unter Kaiser Karl IV. nicht benutzt werden durfte; dennoch blieb sie bis heute die wichtigste West-Ost-Verbindung. Die historische „Goldene Straße" verlief auf der Strecke Kohlberg – Etzenricht – Weiden – Neustadt/Waldnaab und kreuzte bei Bärnau die Grenze.

Im Mittelalter bedeutete Macht einen Besitz von Grund und Boden und die Besitzer übten gleichzeitig Recht und Herrschaft über diejenigen aus, die ihn bestellten. Die Burgenbesitzer waren oft Berufssoldaten, deren ausschließliches Handwerk der Krieg war. Diesen Beruf mussten vor allem die Bauern finanzieren, die dem jeweiligen Dienstherrn gehörten(!) und daher kein selbst bestimmtes Leben führen konnten. Bei aller Bewunderung für die wuchtigen Mauern der mittelalterlichen Machtentfaltung sollten wir daher nicht den Preis für diese Herrschaftsform vergessen: die weitgehende Unfreiheit der Untergebenen und deren ärmlichste Lebensverhältnisse. Die Hütten der kleinen Leute von damals stehen schon längst nicht mehr. Gerade das „niedere" Volk hatte jedoch die Pläne seiner Herren auszuführen und auszutragen, es geriet in Kriegszeiten oft schutzlos zwischen die Fronten, ihm wurden Konfessionen verordnet und es hatte mit seinen hohen Steuerlasten und Frondiensten das (bessere) Leben der adeligen Herren zu finanzieren. Daher sollten wir nicht in naive Faszination durch mittelalterliches Ritterleben verfallen, das in aller Regel ein glorreiches Ideal verherrlicht und ritterliche Tugenden als sozial vorbildlich darstellt. Denn die damaligen Berufskrieger führten ein Herrenleben, das oft genug auf einem finanziellen Auspressen der Untertanen basierte. Da mag es in gewissem Sinn ausgleichende Gerechtigkeit sein, dass zur Winterszeit auch ein Ritterleben in schlecht heizbaren Burgmauern, dem kalten böhmischen Ostwind ausgesetzt, alles andere als angenehm gewesen sein wird.

Die Wehrkirche St. Emmeram in Oberköblitz liegt am alten Fernhandelsweg von Regensburg nach Magdeburg und dürfte im Mittelalter für zahlreiche Reisende ein willkommener Ort der Einkehr gewesen sein (linke Seite).

Leuchtenburg – Burg im Besitz eines der mächtigsten Herrschergeschlechter der Oberpfalz, zudem in ungemein exponierter Lage.

Pfreimd und Burg Trausnitz im Pfreimdtal

Pfreimd breitet sich im Talgrund unmittelbar an der Naab aus. Die Deutung des Namens gestaltet sich nicht einfach, da slawische und keltische Wurzeln auszuscheiden scheinen. Eine Schenkungsurkunde aus dem Jahre 1118 nannte einen Zeugen *Meginhard de Phrime*. Da hier auch die Pfreimd, ein Nebenfluss aus dem Osten, mündet, könnte das indogermanische *meu/mu* (feucht, modrig) eine Deutungsmöglichkeit liefern. Dieser Flussname wurde in der zweiten germanischen Lautverschiebung zu *Pfrimuda*, dann zu *Pfrimede* und schließlich zu Pfreimd. Die Herren von Pfreimd waren Pioniere bayerischer Besiedlung in der Region. Im Jahre 1148 ist von einem *Castrum Primida* die Rede. Über den Herzog von Niederbayern gelangte Pfreimd 1322 an die Grafen von Leuchtenberg, die gut drei Jahrhunderte lang im Ort ihre Residenz hatten. Mit dem Aussterben der Landgrafen von Leuchtenberg im Jahre 1646 fiel der Besitz an Bayern.

Die fast völlig in Weiß gehaltene Wandpfeilerkirche Mariä Himmelfahrt ist ein barockes Kunstwerk. Knapp eine Generation nach dem Dreißigjährigen Krieg wurde sie zwischen 1681 und 1688 in einer Art religiösem Bauprogramm errichtet. Wessobrunner Künstler schufen hier ein wahres Kleinod. Der neue Baustil des Barocks sollte „an der Front zu Luthertum und Calvinismus einen herrlichen, jubelnden Kirchenraum für die armen, verzagten Katholiken“

Die barocke Wallfahrtskirche St. Barbara auf dem Eixlberg (517m) stammt von 1702, geht jedoch auf ältere Wurzeln zurück. So ist 1342 vom Leuchtenberger Landgrafen als Bauherrn einer Kapelle die Rede (linke Seite).

Bauinschrift des Maurermeisters an der Wallfahrtskirche auf dem Eixlberg (linkes Bild) sowie Bronzedetails am Marktplatzbrunnen von Pfreimd (rechtes Bild).

Deckenfresken im Langhausgewölbe der Stadtpfarrkirche von Pfreimd, die vor allem wegen der wertvollen barocken Stuckausstattung in reinem Weiß von kunsthistorischem Interesse ist.

schaffen. Eine geräumige, mit Emporen besetzte Wandpfeilerkirche entstand, deren üppiger Stuck dennoch Platz für die Deckengemälde ließ: „Der Reichtum der Formen an den Altären, an den Wänden und an der Decke in diesem prächtigen Zierwerk von Heiligen- und Engelsfiguren, Säulen, Gurten, Wandbändern, Bildrahmen, Rosetten, Bärlappranken, Fruchtschnüren und Füllhörnern erregt … Freude und Bewunderung". Der Aufbau des Baldachin-Hochaltars, der das Altarblatt Mariä Himmelfahrt umrahmt, täuscht mit den vier gedrehten Säulen einen tiefen Raum vor. Beim Neubau hatte man jedoch nicht alles Alte entfernt und beispielsweise die beiden Rotmarmor-Epitaphien erhalten. Letztere sind hervorragende Werke spätgotischer Bildplastik und zeigen Leopold (†1463) und Heinrich von Leuchtenberg (†1567) in voller Turnierausrüstung.

Im Mai 1906 wurde beim Abbruch eines Wohnhauses in einer Wandhöhlung ein Gold- und Silberschatz gefunden. Sehr wahrscheinlicher Eigentümer war der landgräflich-leuchtenbergische Kanzler Johann Federl (1550–1626) gewesen, der seine Wertsachen angesichts der unsicheren Kriegszeiten in seinen letzten Lebensjahren hatte einmauern lassen. Es mag durchaus denkbar sein, dass im Laufe des Dreißigjährigen Krieges alle Zeugen zu Tode kamen und der vermauerte Schatz in Vergessenheit geriet. Unter den Gegenständen befinden sich beispielsweise ein großer versilberter und vergoldeter Deckelpokal, eine Damenhalskette mit Perlen und Korallen, ein Perlenhalsband, verschiedene Amulettanhänger mit Silberfassungen, Goldringe mit Rubinen und Smaragden oder ein gläsernes Kreuz. Die Gegenstände geben ein eindrucksvolles Zeugnis bürgerlichen Reichtums am Vorabend des Dreißigjährigen Krieges. Mit dem Auffinden des Schatzes war dessen abenteuerliches Schicksal indes nicht zu Ende: Noch im Fundjahr gingen die Wertgegenstände gegen eine hohe Summe nach Amerika, kamen aber nach dem ersten Weltkrieg im Erbgang wieder nach Deutschland zurück und wurden schließ-

Burg Trausnitz – wehrhafte Wohnbauten umgeben einen schmalen, trapezförmigen Hof, dessen Zufahrt von Westen durch einen wuchtigen Bergfried geschützt wurde.

Die Rabenleite ist ein künstlicher See, in den nachts Wasser hinaufgepumpt wird, damit dieses tagsüber in Spitzenbedarfszeiten wieder über Turbinen in Strom umgewandelt werden kann.

lich von einem Hamburger Museum aufgekauft. Während kriegsbedingter Auslagerungen gingen dort jedoch Teile verloren, beispielsweise eine Kette mit circa 5000 Perlen oder zwei Ketten mit dem Orden vom Goldenen Vlies.

Trausnitz im Tal ist eine wehrhafte Fluchtburg mit wenigen und kleinen Fensteröffnungen. Sie hat wohl der Siedlung auch ihren Namen gegeben („Traust dich nicht"), da sie einen guten Schutz vor feindlichen Reitervölkern gewährte, die größere Belagerungswerkzeuge mit sich führen konnten. Der trutzige Bau am steilen Uferhang über der Pfreimd besteht aus einem schmalen, schluchtartigen Hof und einem massiven, hochragenden Wohntrakt. Das wohl bekannteste „Ereignis" der Burg fand zwischen 1322 und 1325 statt, als Herzog Friedrich von Österreich hier Gefangener war. Er hatte als Gegenkaiser die legendäre Schlacht bei Ampfing (1322), die letzte „echte Ritterschlacht ohne Feuerwaffen", gegen Kaiser Ludwig verloren. Zwar kämpfte er siegessicher in glänzender Rüstung und baute auf seine (angeblich vierfache) Übermacht. Anfangs drohte die Schlacht denn auch für Ludwig mit einer Niederlage zu enden, bis der Nürnberger Feldhauptmann Schweppermann mit seiner berittenen Reserve die Wende herbeiführte.

Friedrichs Pferd wurde erstochen und er selbst kam in seiner schweren Rüstung „wie ein auf dem Rücken liegender, strampelnder Maikäfer" am Boden zu liegen. Er wurde auf der Burg Trausnitz, an Händen und Füßen angekettet, gefangen gesetzt und erst 1325 als kranker, gebrochener Mann freigelassen. Heute ist eine Jugendherberge in der Burg untergebracht, die neben den üblichen Räumen auch einen Rittersaal ihr eigen nennen kann.

Die Pfreimdtalsperre hat ihre zentrale Aufgabe in der Bereitstellung von so genanntem Spitzenstrom: Mit billigem Nachtstrom wird Wasser in den Hochspeicher gepumpt, um es dann in Spitzenbedarfszeiten wieder zur Stromgewinnung einzusetzen, das heißt, es wieder ins Tal zu leiten, um dort Turbinen anzutreiben. Man kann sich das System wie eine riesige Batterie vorstellen, die nachts aufgeladen und deren Energie bei Bedarf während des Tages aufgebraucht wird. Pumpenenergie kann also in „Spitzenenergie" umgewandelt werden, im Fachjargon spricht man auch von „veredeln" der Energie. Herzstück der Anlage sind so genannte Synchronmaschinen, die sowohl als Motoren als auch als Generatoren eingesetzt werden können. Innerhalb von zwei Minuten können diese Turbinen ihre volle Auslastung erreichen und immerhin 135 000 kWh erzeugen. Ein gewaltiges unterirdisches Röhrenwerk verbindet die einzelnen Wasserkraftwerke. Die Pfreimd ist dazu zweimal aufgestaut, einmal zum Kainzmühlspeicher mit 800 000 m^3, ein andermal zum Trausnitzspeicher mit 1 500 000 m^3 „Nutzinhalt". Zusätzlich ist mit der **Rabenleite** ein künstlicher See angelegt, der aus der Vogelperspektive wie eine Riesenwaschschüssel aussieht. Bei aller Sympathie für die (saubere) Stromgewinnung aus Wasserkraft sollten wir nicht die gewaltigen Eingriffe in die Natur vergessen, die diese an sich nachhaltige Energienutzung erst ermöglicht hat. Dies ist bei den beiden Stauseen, die einen Teil des Pfreimdtales „ertränkt" haben, heute weniger auffallend als beim Kunstsee hoch oben auf der Rabenleite.

Perschen – mit romanischer Kirche und Edelmannhof

Linguisten weisen für den Ort **Perschen** direkt am Naabufer aufgrund von Lautverschiebungen in der Schreibweise eine Gründungszeit vor 770 nach. Die im Kirchenbezirk gelegene Friedhofskapelle mit dem unterirdischen Karner ist ein einzigartiges Zeugnis aus dem Mittelalter, wo man über die Jahrhunderte hinweg die Totengebeine gesammelt hat, die bei

Berühmte romanische Freskenkomposition in der Halbkuppel der Friedhofskapelle von Perschen mit dem unterirdischen Karner.

Die Perschener Pfarrkirche St. Peter und Paul bildet mit der Friedhofskapelle und dem Edelmannhof eines der bekanntesten Bauensembles in der Oberpfalz.

Neubestattungen ausgegraben wurden. Durch das kreisrunde Loch in der Bodenmitte wurden die Knochen nach unten geworfen. Die romanische Rundkapelle besteht aus einer halbkugeligen Kuppel mit erstaunlich gut erhaltenen Wandfresken. Das Besondere der Fresken ist abgesehen vom Alter (um 1165/70) auch die Tatsache, dass sie nie übermalt wurden und als geschlossene romanische Komposition einen hohen kunsthistorischen Wert aufweisen. Direkt über der Karneröffnung ist die hl. Maria mit rotem Kopftuch und Mantel als Fürsprecherin der Toten dargestellt, die zu den Seligen im Paradies aufblicken. Christus thront als Weltenrichter auf einem Regenbogen, umgeben von Engeln und Heiligen, die zum Jüngsten Gericht rufen. Solche Themen waren in Totenkapellen nicht selten. Zehn Halbfiguren im oberen Bereich stellen abwechselnd einen Engel und einen Heiligen dar. Der untere Bereich zeigt die zwölf Apostel, Petrus ist am Doppelschlüssel zu erkennen. Die Symbolik der Ausmalung verdeutlichte den Gläubigen eindrucksvoll die christliche Botschaft.

Der Edelmannhof in Perschen war die Keimzelle des Freilandmuseums, das seit 1964 zu den ältesten seiner Art in Deutschland zählt. Erst später wurde im nahen **Neusath** ein größeres Museumsgelände erschlossen. Als man 1522 den Pfarrsitz nach Nabburg verlegte, wurde aus dem Pfarrhof ein so genannter „Erbrechtshof". Über Jahrhunderte hinweg blieb die alte Bausubstanz erhalten. Erst die Initiative des lokalen Volksschullehrers machte den Bauernhof zum Museum und zur Bleibe für unermüdlich gesammelte Gegenstände des ländlichen Lebens. Im Jahr 1980 wurde schließlich im neuen Freigelände der „Urschlbauerhof" als erste Hofstelle aufgebaut, dem über die Jahre weitere verschiedene Bauernhöfe und typische Hauslandschaften der Oberpfalz folgten. Als kulturgeschichtliche Zeugnisse wurden die Gebäude von ursprünglichen Standorten hierher transferiert und authentisch wieder aufgebaut. Stellvertretend für die Vielfalt der zusammen getragenen Häuser sollen drei herausgegriffen werden: Die Rauberweihermühle aus dem Jahr 1711 besteht aus kalkvermörtelten Bruchsteinen, die Raumaufteilung folgt dem barocken Baudenken entsprechend symmetrischen Vorgaben. Auch der Schallerhof aus Trauschendorf wurde nach einer Brandkatastrophe wieder aufgebaut, die geschnitzte Jahreszahl 1811 in einem Stubenbalken gibt Auskunft über das Baujahr. Die alte Schmiede stammt aus Klardorf und vereinigt in einem einstöckigen Gebäude Wohnung, Schmiedewerkstatt und Stall unter einem Dach. Die Mauern bestehen aus unregelmäßigen größeren Sandsteinquadern und in den Giebelseiten aus Ziegeln. Die einstöckige Schmiede ist ein typisches Beispiel für ein kleines Handwerksunternehmen der mittleren Oberpfalz, wo in einem einzigen Gebäude auf engstem Raum die Funktionen des Wohnens, des Arbeitens (Werkstatt) und des Sich-Versorgens (Stall) untergebracht waren.

Die Hauslandschaften der Oberpfalz reflektieren keinen einheitlichen historischen Kulturraum. Dazu war die Oberpfalz über die Jahrhunderte politisch viel zu zerrissen. Natürlich zeigt sich die Kleinstaaterei auch in der historischen ländlichen Bauweise. Hinzu kommt das unterschiedliche Baumaterial der Regionen, das vom Jurastein im Süden und Westen bis zum Granit im Norden und Osten reichte. Beispielsweise mussten Kalkplatten- und Legschindeldächer zwangsläufig flach sein, damit das Dachdeckungsmaterial sicher gelagert war; Strohdächer dagegen mussten steil sein, damit die Nässe von Regen und Schnee schnell abfließen konnte. Die Bauweise der Höfe wurde vor allem vom Prinzip der kurzen Wege, der Überschaubarkeit der Hoffläche und vom Schutz vor Witterung bestimmt. Dabei kam es naturgemäß zu stark abweichenden Bauformen, obwohl es im Wohnteil durchaus eine relativ einheitliche innere Ordnung gab. Im großen Rahmen gesehen repräsentiert die Oberpfalz ein Übergangsgebiet von europaweiter kulturgeschichtlicher Bedeutung, da hier das Fachwerk (aus dem Westen) auf den Blockbau (aus dem Osten) trifft. Im Einzugsgebiet der Naab sind zwei Hauslandschaften zu erkennen: Im Stiftland und dem Steinwald herrscht eine schmale Hausform vor, in der die Stube die ganze Hausbreite einnimmt; besonders im Stiftland tritt zudem der „schöne Giebel" im Egerländer Fachwerkstil auf. Entlang von Naab und Vils dominiert der Massivbau mit einer überwiegenden Aufmauerung aus Bruchsteinen. Die Hausdächer sind steil und der Zugang zum Haus erfolgt in aller Regel über die Traufseite. Eine weitere Besonderheit lag in der Putzgliederung und der Farbigkeit des Putzes. Dabei waren die Kanten des Hauses sowie Tür- und Fensterumrahmungen durch weiße Ränder vom übrigen Putz abgehoben. Waagrechte weiße Putzbänder betonten zudem die Giebel- und Geschossgliederung.

Die Altstadt von Nabburg erstreckt sich malerisch auf einer isolierten Bergkuppe über der Naab.

Nabburg – Mittelalter hoch über der Naab

Nabburg, Ende des 13. Jahrhunderts zur Stadt erhoben, zeigt eines der geschlossensten und am besten erhaltenen Stadtbilder der Oberpfalz.

Eine karolingische Reichsburg stellt wohl den Ausgangspunkt einer Siedlungsphase auf dem steil abfallenden Bergrücken über der Naab dar: die Lage der Burg an der Naab wurde schließlich zum Namensgeber der Siedlung, deren wichtige Aufgabe die Sicherung des Flussübergangs gewesen sein dürfte. Bereits um 950 prägte der Ort eigene Münzen. Zu Beginn des 11. Jahrhunderts war **Nabburg** ein wichtiger Mittelpunkt der Grenzpolitik; 1040 war die *Marca Napurch* ein fester Stützpunkt im Nordgäu. Im 13. Jahrhundert erfolgte die Erhebung zur Stadt der „Burg an der Naab". Knapp zwei Jahrhunderte später kam die wohl schwerste Prüfung der Stadt, als die böhmischen Hussiten ihren fundamentalistischen Krieg ins Naabtal trugen und auch Nabburg zum Flammenmeer machten. Danach wurde mit Hochdruck an der schon vorher begonnenen Stadtmauer gearbeitet, sogar eine sechsjährige generelle Steuerbefreiung gewährt und für 20 Jahre keine Abgaben auf „Wein, Bier, Met und andere Getränke" erhoben. In den Folgejahren entstand eine wehrhafte spätmittelalterliche Stadt, deren Mauern erst im Dreißigjährigen Krieg wieder überrannt wurden. Trotz erneuter Zerstörungen konnte Merian 1644 ein intaktes Stadtbild präsentieren, das sogar zwei Storchennester zeigt. Das Obere Tor mit dem gotischen fünfstöckigen Achteckturm ist noch ein Teil der alten Stadtbefestigung, die erst 1913 mit einer schmalen Durchfahrt durchbrochen wurde, um einen breiteren Zugang zur Altstadt zu erhalten. Andere ehemalige Wehrtürme sind der Pulverturm im Nordosten und der schlanke Dechantturm im Südosten.

Drei kunsthistorisch bedeutende Kirchen bereichern das Stadtbild: Die romanische St. Nikolauskirche, die gotische Kirche St. Johannes Baptist und die St. Georg-

Friedhofskirche. Bei der Erstgenannten aus dem 12. Jahrhundert sind beide Türme abgetragen (die 1796 in einem Votivbild noch dargestellt sind). Sie ist eine der seltenen romanischen Hallenkirchen mit einem ursprünglich dreischiffigen Bau. Die gewölbte Westempore ist auf gedrungene Kapitelle gestützt. Die Kirche ist in der Vorstadt Nabburg-Venedig jenseits der Naab gelegen und dem Patron der Kaufleute und Pilger geweiht (siehe unten). Die Stadtpfarrkirche St. Johannes Baptist zählt auf Grund ihrer erhaltenen Geschlossenheit zu den bedeutendsten gotischen Kirchenbauten der Oberpfalz. Auf dem höchsten Punkt der Altstadt gelegen beherrscht sie eindrucksvoll die Stadtsilhouette auf dem steilen Bergrücken über der Naab. Als dreischiffige Pfeilerbasilika aus dem 13. und 14. Jahrhundert weist sie einen Kirchenraum mit einem mächtigen Kreuzrippengewölbe und profilierten Pfeilern auf. Die Fensterrose am südlichen Querhausbau zeigt zudem eindrucksvoll das Baudenken des Mittelalters. Die Existenz von zwei Chören ist ungewöhnlich und geht wohl auf das Einbinden von Vorgängerbauten zurück. St. Georg, die dritte Kirche, wurde schon in einem Merianstich (mit einem Storchennest) abgebildet. Der Turm ist romanisch, die Kirche selbst ein schlichter Barockbau.

Der Ortsteil Venedig könnte aus einer Kaufmannsniederlassung hervorgegangen sein. Am Naabübergang bot sich eine solche Siedlung an, da hier der Ost-West-Fernhandel auf die Nord-Süd-Straße traf. Vielleicht wurden hier vom Mittelmeer kommende Waren gestapelt, so dass sich der Ortsname einbürgerte; zumindest erscheint eine solche Namensdeutung plausibel. Die alte Nikolauskirche könnte den Kaufleuten auch als Warendepot gedient haben. (Auch bei den Hansekaufleuten war eine solche Doppelfunktion nicht unüblich, da Kirchen oft die einzigen Gebäude aus Stein waren und einen guten Schutz für wertvolle Handelswaren boten.)

Schwarzenfeld mit historischen und geologischen Kuriositäten

Das neue Schloss zu **Schwarzenfeld** direkt am Naabufer steht auf alten Grundmauern, dabei handelt es sich jedoch um ein modernes Schlosshotel. In den 1990er Jahren hatte ein Brand einen kompletten Neuaufbau notwendig gemacht. Frühere Besitzer waren die Holnsteins, deren Familientradition mit der unehelichen Geburt des Knaben Franz Ludwig am 4. Oktober 1723 begann. Da sein Vater der spätere Kaiser Karl Albrecht war, erhielt er zum fünften Geburtstag die offizielle Legitimierung als *Graf von Holnstein zu Bayern* und das Wappen der Wittelsbacher, allerdings mit dem „Bastardfaden". Franz Ludwig heiratete mit 33 Jahren seine Cousine Comtesse von Löwenfeld, ihrerseits eine uneheliche Tochter eines anderen Wittelsbachers, des Kölner Erzbischofs Clement August. Einige Generationen später hatte Maximilian von Holnstein beim Märchenkönig Ludwig II. eine besondere Vertrauensstellung als Oberstallmeister, in dessen Funktion er auch die entscheidenden Verhandlungen mit dem „Eisernen Kanzler" Bismarck führte, in denen es um den Beitritt Bayerns zum Reich und um viel Geld aus Bismarcks legendärem „Reptilienfond" ging. Der hoch verschuldete Ludwig II. soll dabei vier bis fünf Millionen Goldmark erhalten haben. Das besonders Peinliche war die Provisionszahlung an Maximilian, die allgemein auf rund 10% der Transfersumme geschätzt wurde. Öffentlich gerechtfertigt wurde dies damit, dass er seinerzeit „aus der Erbschaft des Großvaters seiner Frau nicht genügend bedacht worden war". Bei der Entmündigung Ludwigs II. wurde Graf von Holnstein zum Vormund bestellt, was allgemein kritisch gesehen wurde, da „Holnstein mit fliegenden Fahnen in das Lager der Königsgegner gewechselt und sogar eine Hauptrolle bei den traurigen Ereignissen

Der ehemalige Zehentstadel in Nabburg ist nach eingehender Sanierung ein kulturelles Glanzstück. Das Gebäude geht auf das Jahr 1547 zurück und diente in der Vergangenheit wechselnden Nutzungen, vom Getreidestadel bis zum Brauhaus. Heute ist im Zehentstadel das Stadtmuseum beheimatet.

Äußere Besonderheit eines in den 1990er Jahren errichteten Hotels in Schwarzenfeld sind die fast „orientalisch" anmutenden Türme, Teil eines Schlossbaus im Stil des Historismus, wie er in der zweiten Hälfte des 19. Jahrhunderts „in Mode" gekommen war.

[am Starnberger See] gespielt hätte". Der Graf soll darauf geantwortet haben, dass „blind werden wolle, wenn er schuld am Tode Ludwigs habe". Das Kuriose an dieser Volkserzählung liegt darin, dass er wirklich völlig erblindet starb.

Die vergangene Tradition des Flussspatbergbaus wird im nahen **Stulln** im Besucherbergwerk des Reichhart-Schachtes lebendig gehalten. Zeitweise kam allein aus diesem Teil der Oberpfalz die Hälfte der deutschen Flussspatförderung. Die letzte Grube wurde 1987 geschlossen. Die begehbare Schachtanlage in Stulln erlaubt einen guten Einblick in die geologischen Gegebenheiten. Es ist beispielsweise ein grüngebänderter Flussspat zu sehen, dessen symmetrische Gangfolge gerne als mustergültig bezeichnet wird, ebenso ein dunkelvioletter und ein grüner Fluorit sowie ein fleischfarbener Baryt. Die keramischen Werke in Buchtal sind noch ein Zeichen dieser Tradition. Stulln birgt des Weiteren hervorragende Wandmalereien aus dem Ende des 15. Jahrhunderts in der frühgotischen Chorturmanlage von St. Stephan.

Das Bruchschollen-Tal der Naab

Bei Schwarzenfeld verlässt die Naab die geologische Formation des kristallinen Grundgebirges und erreicht das so genannte Bruchschollenland. Dieses war durch Hebungen des Grundgebirges entstanden, bei denen die verschiedenen Gesteinsschichten in einzelne Schollen zerbrachen und dabei unterschiedlich stark gehoben und gesenkt wurden, so dass wir heute Gesteine ganz unterschiedlichen Alters dicht beieinander finden können. Das Oberpfälzer Bruchschollenland war zudem mit zum Teil reichlichen Braunkohlevorkommen gesegnet, die im Laufe eines Jahrhunderts soweit wie möglich im Tagebau ausgebeutet wurden. Anschließende aufwändige Sanierungsmaßnahmen ließen in der ehemaligen Bergbauregion in den letzten Jahrzehnten eine reizvolle Seelandschaft entstehen. Dieses Oberpfälzer Seenland wird heute vor allem für die Naherholung genutzt.

Nur die Vogelperspektive zeigt, dass von der kleinen Insel nicht nur die Ökologie Besitz ergriffen hat.

Kleine Seitenarme deuten auf den früheren Platzbedarf der Naab hin. Landwirtschaftliche Nutzungen haben den Fluss im Lauf der Geschichte immer weiter eingeengt.

Schloss Fronberg bei Schwandorf, eine Anlage, die in der heutigen Form auf das 16. und 17. Jahrhundert zurückgeht, mit einem schönen Renaissance-Arkadenhof mit Torturm und einem lang gestreckten Hauptbau mit zwei Seitenflügeln und zwei Ecktürmen.

Fronberg – Kunst am Naabufer

Erste Spuren einer Besiedelung am Naabufer deuten in die Bronzezeit, eine erste urkundliche Erwähnung in das Jahr 1031. Der Ortsname *-berg* weist auf eine alte Nordgäusiedlung hin. Der Wohlstand der regionalen Hammertätigkeit ist im Schloss **Fronberg** zu sehen, das einen schönen Renaissance-Arkadenhof aus dem ausklingenden 16. Jahrhundert besitzt. Die nahe gelegene, im Stil des Historismus erbaute *Kebbelvilla* beherbergt heute das Oberpfälzer Künstlerhaus. Sie wurde Ende des 19. Jahrhunderts errichtet und hatte im Laufe der Zeit den Hausnamen *Kebbelvilla* erhalten. In den 1980er Jahren wurde das denkmalgeschützte Haus mit öffentlichen Steuermitteln einer eingehenden Sanierung unterzogen und danach dem neuen Zweck der Kulturarbeit zugeführt: in Zusammenarbeit mit dem Landesamt für Denkmalpflege wurde ein Museum für die Bildende Kunst der Region eingerichtet. Die hohen, lichtdurchfluteten Räume erlauben auf rund 300 m² Fläche wechselnde Ausstellungen, aber auch Konzerte, Dichterlesungen und Theateraufführungen. Des Weiteren wurde in einem Modellversuch eine druckgraphische Werkstatt für Lithographie und Radierung eingerichtet, die Künstlern der Region zur Verfügung steht. Das Oberpfälzer Künstlerhaus wurde im Sommer 1988 eröffnet.

Das Oberpfälzer Seenland östlich von Fronberg und Schwandorf ist eine „menschengemachte" Landschaft. Der **Steinberger** See beispielsweise, heute der größte Binnensee der Oberpfalz, ist ein mit Wasser gefülltes Tagebauloch. Über Jahrzehnte hinweg bestimmte hier der Braunkohletagebau das zerstörte und trostlose Landschaftsbild. Wohl kaum eine andere Ressourcennutzung griff in der Gegend dermaßen massiv in das Aussehen der Umwelt ein, so dass damals Vergleiche mit Mondlandschaften keineswegs fehl am Platz waren. Ganze Ortschaften hatten dem Moloch Tagebau weichen müssen, beispielsweise war der alte Ort Wackersdorf, der immerhin schon 1150 als *Bogeratesdorf* erwähnt war, Anfang der 1950er Jahre dem Kohleabbau zum Opfer gefallen und andernorts vollständig neu aufgebaut worden. Nach dem Ende des Braunkohletagebaus Anfang der 1980er Jahre wurde viel (Steuer-)Geld in die Rekultivierung und Renaturierung gesteckt, beispielsweise wurden 15 Millionen Bäume gepflanzt. Das Ergebnis ist eine Natur- und Freizeitlandschaft, die sich heute zu einem Magnet bis weit über die Region hinaus entwickelt hat. Ob Wasserskifahren, Segeln oder Tauchen – die Angebote sind fast wie Pilze aus dem Boden geschossen.

Schwandorf – aus Weltkriegstrümmern wiedererstanden

Schwäne haben mit dem Namen Schwandorfs nichts zu tun. *Suainica* (schuainiza ausgesprochen) hat wie manch anderer Ort des Naabtales slawische Namenswurzeln und könnte mit *Burschendorf* übersetzt werden. (Mossendorf, weiter flussabwärts gelegen, war folgerichtig das *Männerdorf*). Im Jahre 1006 erschien **Schwandorf** in den Büchern von St. Emmeram in Regensburg. Die Lage der Siedlung war gut gewählt, da sich hier die Naab in drei Arme teilt und der Flusslauf dabei an Tiefe verliert; diese Furt scheint bereits in vorgeschichtlicher Zeit bestanden und schließlich vor gut 1000 Jahren zu einer festen Ansiedlung geführt zu haben. Die Stadterhebung im Jahre 1451 hatte Schwandorf der ständigen Geldnot des Landesfürsten zu verdanken, der sich mit der Vergabe von Privilegien neue Einkünfte erschließen wollte. Für Schwandorf hatte dies den Vorteil, eine eigene Stadtmauer bauen zu dürfen. Vier Tore durchbrachen den schützenden Ring: das Amberger Tor, das Böhmische Tor, das

Regensburger Tor und das Ettmannsdorfer Tor. Von der einstigen Stadtbefestigung ist nur mehr der Blasturm erhalten, der am höchsten Punkt der Befestigungsanlage als Wachturm fungierte. Ein berühmter Sohn des dortigen Türmers war Konrad Max Kunz (1812–1875), der bereits mit 33 Jahren Chordirektor der königlichen Oper in München und vor allem als Schöpfer der Bayernhymne bekannt wurde. Dichter der Urfassung war Michael Öchsner, der Herausgeber der ersten Zeitschrift des *Bayerischen Lehrervereins*. Beide widmeten 1860 das Lied *Für Bayern* der alten Münchner Bürger-Sänger-Zunft. Das Lied wurde in Hauptstadt-Kreisen bald sehr populär. Im Jahre 1953 wurde es per Landtagsbeschluss sogar zur Bayernhymne erklärt, natürlich ohne die ursprüngliche dritte Strophe, die so genannte Königsstrophe. Carl Spitzweg (1808–1885) ist der zweite bekannte

Der weite, dreiecksförmige Stadtplatz von Schwandorf, im Luftbild gut zu erkennen, wird von der gotischen Stadtpfarrkirche St. Jakob im Norden abgeschlossen.

Künstlername, der ebenfalls mit dem Blasturm verbunden ist. Er verewigte auf der Durchreise im Juli 1860 den Turm und nannte ihn fälschlicherweise Stadtturm; viele Menschen dürften das Bauwerk daher kennen, ohne selbst in Schwandorf gewesen zu sein. Damals herrschte jedoch ein derart schlechtes Wetter, dass Herr Spitzweg über das beheizte Gasthaus froh war sowie darüber, „Winterhosen mitgenommen zu haben, da es ihm sonst schlecht gegangen wär".

Trotz des verheerenden Bombenhagels des letzten Krieges hat sich Schwandorf seine geschlossene Altstadt bewahrt, die sich ansehnlich um einen Marktplatz anordnet. Der Platz verengt sich von Süden nach Norden und ist mit der Pfarrkirche St. Jakob abgeschlossen. Stolze Bürgerhäuser mit gotischen Treppengiebeln bilden zusammen mit barocken Giebelaufsätzen durchaus eine architektonische Einheit. Ursprünglich stand mitten auf dem Marktplatz noch das Rathaus, bevor es zu Beginn des 19. Jahrhunderts abgebrochen wurde. Die gotische Stadtpfarrkirche St. Jakob stammt aus der Zeit um 1400 und wurde seither mehrfach umgebaut und umgestaltet. Erst im 19. Jahrhundert wurde das heutige Gewölbe eingezogen, was vielleicht die für eine

Luftaufnahme und Detail der nach dem II. Weltkrieg wieder aufgebauten Kreuzkirche.

Diese Luftaufnahme von Dachelhofen ist bereits ein Zeitdokument: Der 111 m hohe Kühlturm wurde im Oktober 2003 unter Verwendung von 63 kg Dynamit gesprengt. Die beiden 230 m hohen Schornsteine sind beziehungsweise waren Ende 2004 an der Reihe.

gotische Bauart etwas niedrige Höhe erklärt. Die barocke Kirchturmzwiebel wurde 1856 von einem Orkan weggefegt und der Ersatz wurde einem Bild des Jahres 1797 nachempfunden. Erstaunlicherweise zeigen zwei Uhren in Richtung Marktplatz, was immer wieder zur augenzwinkernden Bemerkung Anlass gibt, dass „damit gleichzeitig zwei Leute auf die Uhr sehen können". Der Kirchenheilige lässt vermuten, dass Schwandorf an einer Pilgerstraße von Böhmen nach Spanien lag.

Der 17. April 1945 wurde für Schwandorf der schrecklichste Kriegstag. Der II. Weltkrieg war eigentlich schon vorbei und niemand in der Stadt dachte noch an mögliche Bombardierungen. Der Bahnhof Schwandorf führte nicht mehr in die Welt hinaus, da durch die Fronteinwirkungen die Bahnverbindung nach Norden abgeschnitten war. Dennoch flog früh morgens ein größerer britisch-kanadischer Bomberverband ein und brachte zwischen 3:52 und 4:07 Uhr mit rund 630 Tonnen Bomben über 1 200 Menschen

den Tod. Viele Flüchtlinge starben in den überfüllten Personen- oder Lazarettzügen: „Es war ein Bild des Grauens, keine Straße war mehr zu erkennen". Die genaue Zahl der Toten konnte nie festgestellt werden, da sich eine unbekannte Zahl von Soldaten und Flüchtlingen in der Stadt aufhielt. Menschen verachtend glaubten alliierte Generäle wirklich, mit solch sinnlosen Angriffen den Krieg verkürzen zu können! Herum liegende Munition forderte weitere Opfer, besonders auch unter Kindern, die sich der Gefahr nicht bewusst waren; mehrere Todesanzeigen von sechs- bis achtjährigen Buben aus den Tagen nach dem unseligen Bombentag zeugen von dieser besonderen Tragik. Besonders perfide waren Bomben mit Zeitzündern, die erst mit großer Verzögerung detonierten und vielen zunächst Überlebenden bei der ersten Hilfeleistung den Tod brachten.

Das Kreuzbergviertel war nach dem 17. April nur mehr ein einziges Trümmerfeld, wie am besten ein Augenzeugenbericht verdeutlicht: „Es gab keine Straßen mehr. Über die Trümmer hinweg einen Weg suchend, kam ich an Stallungen vorbei, aus denen schwer verletzte Tiere heraus stöhnten. Tote Menschen lagen in den Trümmern, und größte Vorsicht war notwendig, da an verschiedenen Stel-

Schloss Naabeck mit seiner Brauerei, auf einer Steilstufe über der Naab gelegen.

len Blindgänger lagen. Mein Elternhaus habe ich nur noch an den eisernen Gartensäulen erkannt. Das Viertel war ein rauchender Trümmerhaufen, in welchem in unregelmäßigen Abständen den ganzen Tag über viele Explosionen erfolgten. Über der Stadt lag eine Rauchwolke. Um die Mittagszeit setzte ein leichter Wind ein, der Brände neu entfachte." Wegen der massiven Zerstörungen ist die heutige Wallfahrtskirche ein Kirchenneubau auf den Grundmauern der Vorgängerkirche. Der Grundstein wurde im Jahre 1949 gelegt. Eine Gruftkapelle gedenkt der Toten des Bombenangriffs, meist obdachlose Flüchtlinge und Zivilisten. Das Gnadenbild aus dem 17. Jahrhundert ist eindrucksvoll in einen modernen großen Glasmosaikrahmen einkomponiert und dominiert den Altarraum. Von dem Bild gehen wuchtige, durch Gold- und Silberfelder gegliederte Strahlen aus. Insgesamt vermittelt der künstlerisch ansprechende Hochaltar den Eindruck einer festlichen Gloriole.

Zwischen Schwandorf und Münchshofen

Lange Zeit rauchten in **Dachelhofen** direkt am Naabufer die Schlote des Dampfkraftwerks der Bayerischen Braunkohlenindustrie. Der wirtschaftliche Grund für den Standort am Fluss lag in der Tatsache, dass die Naab als Vorfluter genutzt werden konnte. Zudem konnte Braunkohle aus dem Wackersdorfer Tagebau günstig mit der Bahn herantransportiert werden. Heute wird keine Braunkohle mehr verbrannt, sondern Müll aus gut zwei Dutzend Landkreisen und Städten Ostbayerns. Dachelhofen ist seit 1980 der Standort der Müllverbrennungsanlage des „Zweckverband Müllverwertung Schwandorf" (ZMS), der für eine Entsorgungsfläche von rund 14 000 km² und damit rund einem Fünftel des Freistaates zuständig ist. Hier wird der Haus-, Sperr- und Gewerbemüll von gut 1,5 Millionen so genannter Einwohnerwerte verbrannt, der in einem ausgeklügelten Sammelsystem in acht verschiedenen Verladestationen in der Region gesammelt und für den Transport nach Dachelhofen mit einem Druck von rund 200 bar in spezielle Container gepresst wird. Ein Brückenkran mit 32 t Hubkraft hebt die gefüllten grünen Container auf Eisenbahnwaggons, die den komprimierten Müll auf der Schiene nach Dachelhofen bringen, um ihn dort in einem Bunker mit einem riesigen Fassungsvermögen zwischen zu lagern. Pro Jahr kommen dabei rund 400 000 t Restmüll zusammen und allein die Fahrleistung summiert sich auf 182 km Zuglänge. Die Entsorgung einer Tonne Müll kostet gegenwärtig gut 120 Euro. Die Müllverbrennung selbst erfolgt bei rund 850–1 000° C. Rund 23 t Restmüll werden dabei pro Stunde verbrannt. Durch ein ausgeklügeltes Luftabsaugsystem wird die Luft des Bunkers dem Ofensystem zugeführt, was gleichzeitig die Geruchsbelastung deutlich reduziert. Pro Tonne Restmüll fallen rund 250 kg Schlacke an. Zuvor werden mit einer mannshohen Magnetwalze noch alle Metallreste aussortiert und dem Recycling in der Metallindustrie zugeführt. Mit der Müllverbrennung wird einerseits der Müllbeseitigung Rechnung getragen, andererseits die dabei produzierte Energie auf dem Markt angeboten. Dies erfolgt über die Produktion von Wasserdampf, mit dessen Hilfe immerhin rund 150 Millionen Megawattstunden Strom pro Jahr zur Verfügung gestellt werden können. Dies ist die zweifache Energiemenge, die ganz Schwandorf im Jahr verbraucht. Daneben steht über ein verzweigtes Rohrsystem heißes Wasser für Fernwärmeabnehmer zur Verfügung. Eine Filteranlage hält nicht nur die anfallenden Staubpartikel der Abluft zurück, sondern auch eine Reihe schädlicher Rauchgase wie Schwefeloxide, Stickoxide und Dioxine.

Der Ortsname **Naabeck** dürfte sich aus der hier auffallend starken Krümmung der Naab abgeleitet haben. Die Anhöhe bot nicht nur Schutz vor Angreifern und Überschwemmungen, sondern erlaubte auch einen schnellen Zugang zum Wasser. Am Schloss haben viele Generationen gearbeitet, sind doch einerseits noch Graben und Mauern vorhanden, andererseits Merkmale späterer Umbauten nicht zu übersehen. Die Hauptfront des Schlosses ist nach Osten und Süden orientiert. Die Westseite zeigt noch ein getreues Bild des ursprünglichen Edelsitzes, der mit Wehrgraben und Ringmauern umgeben war. Vom Naabufer aus gesehen vermittelt das Gebäude mit den steilen Giebeldächern fast das Bild einer mittelalterlichen Veste. Das Südportal weist ein zierliches Türmchen sowie das Schlosswappen auf. Innerhalb der Schlossmauern wird das Naabecker Bier gebraut.

Wiefelsdorf war eine Urpfarrei am frühgeschichtlichen Handelsweg durch das Naabtal nach Mitteldeutschland. Prunkstück der Kirche ist ein Frührokokoaltar aus dem Jahr 1748.

Wiefelsdorf könnte als so genannte Urpfarrei aus einer Raststation am frühgeschichtlichen Handelsweg entlang der Naab hervorgegangen sein (*vybelh* = sich müde laufen). Die wesentliche Bausubstanz der Kirche stammt aus der Romanik. Der Kirchturm mit der Zwiebelkuppel erscheint gemessen an seiner vergleichsweise geringen Höhe etwas breit. Aufgrund der Hanglage kommt das Kirchenschiff im Westen tiefer im Boden zu liegen. Das Prunkstück ist der Choraltar aus dem Frührokoko (1748). In seiner Mitte steht dabei statt eines Gemäldes eine spätgotische Marienfigur mit einem nachdenklich-ernsten Gesichtsausdruck auf einer Mondsichel. Zudem fallen die Allegorien Europas, Asiens, Afrikas und Amerikas auf: Europa wird von einem Fürsten mit Kurhut und Hermelinmantel dargestellt, Asien von einem morgenländisch gekleideten Mann neben einem Kamel, Afrika von einem Schwarzen mit Pfeil und Bogen neben einem Krokodil sowie Amerika von einem Indianer mit einem Papagei.

Premberg am rechten Naabufer war im frühen Mittelalter ein Hauptgrenzpunkt, den Karl der Große vor 1 200 Jahren im fernen Lothringen durch seine Unterschrift zu

einer Zollstätte *[Breemberga]* an der Ostgrenze seines riesigen Reiches machte. Der Wortlaut der Urkunde lautet: „Betrifft die Kaufleute, welche ins Gebiet der Slawen und der Awaren reisen, wohin sie mit ihren Geschäften zu fahren haben, nämlich in Sachsen nach Bardevik, wo Hredi, nach Schesel, wo Madalgaud, nach Magdeburg, wo Hatto die Aufsicht führt. In Erfurt und in Hallstadt hat Madalgaud die Aufsicht, in Forchheim, Breemberga und in Regensburg Audulf und in Lorch Wernher. Daß sie [Angriffs-]Waffen und Brünnen [Panzer] nicht zum Verkauf ausführen. Werden sie mit solchen betroffen, soll ihr ganzer Vorrat beschlagnahmt werden, die eine Hälfte dem Palast [der Krone] zufallen, die andere zwischen den genannten Königsboten und dem Entdecker geteilt werden." Bis zu dieser Grenzstation durften slawische Händler reisen und ihre Waren anbieten, Premberg war damit ein Stapel- und Handelsplatz an der Grenze zwischen Ost und West. Diese Ortslage war sicherlich mit Bedacht gewählt, konnten doch hier die Waren auf Schiffe verladen und zur Donau nach Regensburg gebracht werden. Die Slawen waren offensichtlich wichtige Handelspartner, und so wundert es nicht, dass auch manche Wörter im Oberpfälzer Sprachschatz erhalten geblieben sind. Neben der schon genannten Zille (*cln*), kennt die Oberpfälzer Mundart noch eine Bapm (*papula* = Mund), einen Degl (*tebal* = Lehm), einen Duzl (*dojci* = Schnuller), eine Lizen (*lice* = Eigenheit), einen Lackl (*lagan* = Flegel), einen Odel (*odelit* = Jauche) oder eine Rufe (*rovas* = Wundschorf). Desgleichen sind noch Verben wie benzen (*penaci* = bedrängen), blecken (*plakat* = weinen), gatzen (*zajakat sa* = stottern), natzen (*naciahnut* = kurz schlafen) oder tratzen (*drazdi*= necken) bekannt.

Schloss Münchshofen mit Laubengängen, links zu erkennen, und der Kapelle am rechten Bildrand.

Münchshofen war eine der Hofmarken, die als Bayerns kleinste Verwaltungseinheiten über Jahrhunderte hinweg ungewöhnliche Privilegien besaßen und auf die katastrophale Finanznot des bayerischen Herzogs Otto III. im Jahre 1311 zurückgingen. Er hatte einige Jahre vorher die ungarische Königskrone geerbt, sein Erbe jedoch nicht einfordern können; obwohl er sich weiterhin von *gots gnaden konig zu Hungern* nannte, war er nicht nur mittellos, sondern sogar hoch verschuldet. In der *Ottonischen Handfeste* musste er daher notgedrungen Teile seiner Herrschaftsrechte an den Adel, die Klöster oder die Städte übertragen. Dieses erkaufte Privileg – gewissermaßen kann man von „Staaten im Staat“ sprechen – währte immerhin ein gutes halbes Jahrtausend und fand erst 1848 sein Ende. Beispielsweise hatten die Landstände derart weitreichende Rechte, dass ohne ihre Zustimmung keine (zusätzlichen) Steuern erhoben werden konnten. Schloss Münchshofen ist als doppelte Hufeisenanlage im Renaissancestil erbaut. Über den Bau der Schlosskapelle, die im Übrigen ein imposantes Deckenfresko über das Thema der Brotvermehrung besitzt, gab es heftige Auseinandersetzungen: der Schlossherr wollte eine Kirche bauen, da „es nicht zu verantworten wäre, solch Leut allzeit ohne Predigt und Christenlehr aufwachsen und in ihrer seelenschändlichen Unwissenheit fortleben zu lassen“, der Ortspfarrer war dagegen: „Es liegt sonnenklar am Tage, daß der Herr eine Filialkirche errichten will und daß er darin die Gottesdienste an allen Sonn- und Feiertagen durch einen ordinären Gesellpriester der Pfarrei Wiefelsdorf aufbürden will“. Die Kirche beim Schloss wurde 1772 dennoch gebaut und eingeweiht.

Das Jura-Tal der Naab

Kurz unterhalb von Teublitz erreicht die Naab den Jurarücken und fließt in ein zunehmend enger werdendes Tal hinein. Aus einem Flugzeug in größerer Höhe würde ein Beobachter mit Blick auf dieses eingeschnittene Juratal und die flachen Ebenen des davor liegenden Bruchschollenlandes wohl Stein und Bein schwören, dass die untere Naab gerade anders herum fließt, denn es sieht aus, als ob der Fluss aus dem Juratal hinaus und in das Bruchschollenland der Oberpfälzer Senke strömt. Dass dem nicht so ist, wissen wir: die Naab fließt in das Juratal hinein, durchläuft den Ausläufer des Bayerischen Jura und mündet am anderen Ende des Jurarückens in das Donautal! Der Charakter des Tales ändert sich nicht nur im Hinblick auf die geringere Breite, auch mündet mit der Vils in diesem Abschnitt nur mehr ein einziger Nebenfluss in die Naab. Der Juraboden kann Oberflächenwasser schlecht speichern, so dass sich keine Zuflüsse mehr bilden können; wenn überhaupt, gibt es allenfalls kurze Trockentäler.

Burglengenfeld – Burg und Wittelsbacher Residenzstadt

Burglengenfeld ist ein historisch wichtiger Ort am Naabufer, dessen Bedeutung durch den Burgberg mit seinem 28 m hohen Bergfried noch unterstrichen wird. Der Ortsname wechselte mehrmals im Laufe der Jahrhunderte, von *Lenginuelt* (1133), über *Castrum Lengenvelt* (1205), *Purcklengefelt* (1356), *Burcklengfeld* (1484), *Burcklengenfelldt* (1546) zu Burglengenfeld (1702). Zwischendurch gab es mit *Pyrgomacropedius* noch eine lateinische Version. Lengenfeld dürfte aus dem Althochdeutschen „ze demo langen feld" kommen („beim langen Feld"). Die Burganlage gehört ebenso wie Kallmünz, Cham, Kelheim mit Abbach, Straubing und Trausnitz (Landshut) zu einem Burgenring, mit dem die Wittelsbacher die freie Reichsstadt Regensburg umzogen, die damit über die Jahrhunderte wie ein Fremdkörper im Wittelsbacherland lag und erst im 19. Jahrhundert, als Burgen schon längst keinen militärischen Wert mehr hatten, zu Bayern kam. Mit rund 2,4 ha Grundfläche dominiert die Burganlage noch heute das Stadtbild Burglengenfelds. Unter den neuburgischen Pfalzgrafen Ottheinrich (1502–1559) und Philipp (1503–1548) war Burglengenfeld sogar Residenzstadt. Damit beide als Unmündige überhaupt Regenten in Bayern werden konnten, hatte der unselige Landshuter Erbfolgekrieg stattgefunden, in dessen Verlauf auch die Burganlage von Burglengenfeld in Flammen aufgegangen war. Nach den Zerstörungen wurde sie wieder aufgebaut und erhielt ein prachtvolles Aussehen. Gerade Pfalzgraf Philipp lebte hier lange Zeit. Er hatte sich als 26-Jähriger große militärische Meriten im Abwehrkampf von Wien gegen die Türken geholt und wurde dafür zum Ritter geschlagen. Obwohl er dem österreichischen Kaiser sozusagen unter Einsatz seines eigenen Vermögens aus der Bredouille geholfen hatte, erhielt er keine finanzielle Entschädigung für seine gewaltigen militärischen Aufwendungen. 1541 musste er auf Grund übergroßer Schuldenlast seinen Landesteil an den Bruder abgeben; ein Jahr später wurde *Burg Lengfeld* zur Stadt erhoben: „ … und für ewige Zeit eine Stadt sei, die Burglengenfeld heißt und genannt werden soll…" Die fehlende militärische Stärke der Burg zeigte sich jedoch knapp hundert Jahre später in der „heißen“ Phase des Dreißigjährigen Krieges, als die Festung schon beim ersten Angriff nicht zu halten war. Ende des 18. Jahrhunderts wurde sie schließlich auf Abbruch verkauft, die Stadt konnte als Käufer die geforderten 5000 Gulden nicht aufbringen. Der junge Kronprinz Ludwig stoppte schließlich den totalen Abbau.

Größter Sohn der Stadt ist zweifellos der Barockarchitekt Johann Michael Fischer (1692–1766). Er dürfte bei seinem Vater in die Lehre gegangen sein und seine Wanderjahre hauptsächlich in Böhmen verbracht haben. Mit 30 hatte er schließlich in München ein Meisterrechtsgesuch eingereicht („von dem Maisster Johann Michael Fischer Statt Maurmaisters zu Burg-Lengenveldt in dem Neuburgischen ein leiblicher Sohn [ich] bin“). Die Zunftväter lehnten jedoch zunächst wegen fehlender Referenzen ab („Fürs ander schreibt der Supplicant vor, als hette er das Maurerhandtwerch ordentlich gelehrnt, sözt aber nit hinzue, wo es geschechen, dahero dises, bis es zu Recht probirt worden, nur für eine lehre Fiction zu halten ist“). Fischer gelangte dennoch nach München und in der dortigen Maurerzunft schnell zu Ansehen und wurde mehrmals zum „Führer des Handwerks“ gewählt. Er wurde auch oft geholt, wenn bereits errichtete Rohbauten nicht mehr den Plänen eines Auftraggebers entsprachen oder andere Architekten keinen Ausweg mehr aus schwierigen Grundrissen fanden. Sein beachtliches Lebenswerk ist prägnant auf seinem Grabstein zusammengefasst, dass er nämlich „32 Gottshäuser, 23 Clöster nebst sehr vielen anderen Palästen ... erbaute“. Keines seiner 18 Kinder erbte die baumeisterliche Begabung.

Josephine Haas (1783–1846) hat der Stadt eine ungewöhnliche Stiftung hinterlassen, die „zum besten der in Burglengenfeld und in einem Umkreis von zwei Stunden

Burglengenfeld mit seinem steil ansteigenden Marktplatz und dem mit zwei Türmen flankierten Rathaus aus der Zeit um 1600 (am äußersten rechten Bildrand). Links in der Bildmitte das Oberpfälzer Volkskundemuseum.

um diese Stadt geborenen armen Mädchen … [aus] 240 000 Gulden Reichswährung bestehen soll". Aus den Zinsen des Stiftungskapitals wurden jährlich für zwölf Mädchen per Losentscheid 800 Gulden Aussteuer ausgelobt; Bedingung war eine Abstammung aus einem Umkreis von zwei Fußstunden. Josephine stammte aus Burglengenfeld und wurde dort als zweites Kind der Schulmeisterfamilie Haas geboren. Sie hatte eine sehr karge Kindheit und bereits mit 15 Jahren beide Eltern verloren. Während sich die älteste Schwester um die minderjährigen Geschwister kümmerte, suchte Josephine in Regensburg nach Arbeit. Weinend am Straßenrand sitzend wurde sie vom zufällig des Weges kommenden bayerischen Gesandten am Wiener Hof, Graf von Lerchenfeld, in der Kutsche mitgenommen. Er besorgte ihr eine Anstellung in seinem Haushalt und aus dem armen Oberpfälzer Waisenkind wurde eine Gattin der „linken Hand". Diese standesungleiche Ehe hatte zwar eine Reihe vermögens- und erbrechtlicher Nachteile, die jedoch über die „Einräumung eines Titels und Ranges verbessert wurden". Die einzige gemeinsame Tochter verstarb allerdings mit 14 Jahren. Josephine zog sich daraufhin vom gesellschaftlichen Leben zurück und stiftete gegen Ende ihres Lebens „in Anerkennung der guten Erinnerung" an ihre Heimatstadt 240 000 Gulden (nach heutigem Wert etwa eine halbe Million Euro). Diese „Laengenfeld-Pfalzheimsche Aussteuerstiftung" gewährt „würdigen und bedürftigen, jungen Mädchen" auch heute noch jährlich acht bis zehn mal umgerechnet rund 800 Euro. Dies war früher eine große Geldsumme, für die man ein kleines Anwesen kaufen konnte.

Kallmünz mit der ausgedehnten Burganlage, der historischen Naabbrücke mit dem Rathaus und der sehenswerten Rokokokirche St. Michael.

Kallmünz – die „Perle des Naabtales“

Direkt an der Mündung der Vils gelegen weist **Kallmünz** im Dreieck des Zusammenflusses von Vils und Naab und des Burgbergs eine gut geschützte Lage auf. Daher reichen auch die ersten Siedlungsspuren bis in die Altsteinzeit zurück. In der Bronzezeit gab es bereits eine weiträumige Ringwallanlage auf dem Burgberg. Die imponierende Festung auf einem Jurasporn zeigt Siedlungs- und Befestigungszeugnisse aus nahezu allen geschichtlichen Epochen. Im Vorfeld der heutigen Ruine befindet sich unübersehbar ein Wall, der aus dem frühen Mittelalter stammt und eine Fluchtburg gegen die immer wieder eindringenden Ungarn umschloss. Später diente die Anlage der Sicherung des alten Erz- und Salzweges zwischen Amberg und Regensburg. Die besondere Lage des Ortes Kallmünz verlangte offenbar einen besonderen militärischen Schutz, umso mehr, als die strategisch günstig gelegene Brücke über die Naab eine wichtige Zolleinnahmequelle darstellte. Dieser steinerne Flussübergang dürfte aus dem 14. Jahrhundert stammen, im Jahr 1398 erhielt nämlich der Pfalzgraf das so genannte Bruckzollrecht zugesprochen (es gilt theoretisch übrigens noch heute). Ursprünglich bestand die Brücke aus sieben Jochen, wurde aber vor rund 200 Jahren durch Hochwasser und Eisstoß zerstört. Im II. Weltkrieg hat sie besonders gelitten, als sie von schweren Fahrzeugen und Panzern belastet wurde. Ein moderner Flussübergang im Süden von Kallmünz hält den Straßenverkehr heute weitgehend ab.

Die mittelalterliche Burg wird erst mit dem Wittelsbacher Teilungsvertrag (1329 in Pavia abgeschlossen) urkundlich richtig fassbar. Sie wurde mehrmals verpfändet und wechselte immer wieder den Besitzer innerhalb der einzelnen Wittelsbacher Linien. Gegen Ende des Dreißigjährigen Krieges wurde die Burg von schwedischen Truppen schließlich zur Ruine gemacht. Rund 150 Jahre später kaufte die Gemeinde den übrig gebliebenen Rest für 8000 Gulden. Die wuchtigen Mauern zeugen immer noch von der einstigen Größe der Anlage mit gotischem Torhaus, spätgotischer Zwingmauer, mächtigem Rundturm und repräsentativem Palas, dem Hauptgebäude.

Als die Schifffahrt auf der Naab und der Vils Anfang des 19. Jahrhunderts eingestellt wurde, verlor Kallmünz seine Bedeutung und wurde von der weiteren wirtschaftlichen Entwicklung abgehängt. Auch die Eisenbahn kam nicht bis hierher. Der Marktflecken blieb daher ein idyllischer Fischerort, der erst im 20. Jahrhundert seine „Stärken" entfalten konnte, als die Menschen Erholung und Zerstreuung zu suchen begannen. Der historische Ort besteht aus zwei Häuserzeilen, die sich eng an den Burgfelsen anschmiegen, und genießt heute als Ganzes Ensembleschutz. Infolge des geringen Platzangebotes auf dem westlichen Naabufer griff die weitere Siedlungstätigkeit bald auf die andere Flussseite über. Direkt an der Brücke steht das alte Rathaus aus dem Jahr 1603 mit seinem etwas schiefen Zwiebeltürmchen.

Kallmünz wurde zu Anfang des 20. Jahrhunderts zur Sommerfrische und zum Malerwinkel für Münchner Künstler(innen), deren „Künstlerkolonie" im Jahre 1903 immerhin 38 Köpfe zählte, darunter den russischen Gastkünstler Wassily Kandinsky (1866–1944). Für ihn bot Kallmünz beispielsweise die romantische (deutsche) Kulisse, „die ihm, dem immer Angespannten, die Illusion von Stille und innerem Frieden vermittelte". Er und Gabriele Münter (1877–1962) schufen Stoff für manche Abhandlung, als sie sich im Juli 1903 im Wirtshaus zur Roten Amsel in Kallmünz verlobten. Der verheiratete Gastlehrer malte also nicht nur seine Schülerin, es kam auch zur Romanze, über die ganze Bücher geschrieben wurden. Beide stammten aus großbürgerlichen Verhältnissen (und waren daher nicht auf „ordinären Broterwerb" angewie-

Kallmünz besitzt sicherlich eines der romantischsten Ortsbilder entlang der Naab.

sen) und beide wollten berühmte Künstler werden. Frau Münter schrieb knapp 25 Jahre später enttäuscht in ihr Tagebuch: „Ich war in Vieler Augen doch nur eine unnötige Beigabe zu Kandinsky. …. Daß eine Frau ein ursprüngliches, echtes Talent haben und ein schöpferischer Mensch sein kann, das wird gern vergessen“. Bei aller Anteilnahme am Gefühlsleben zweier materiell sehr bevorzugter Menschen sollten wir jedoch nicht außer Acht lassen, dass sich die meisten Menschen der Oberpfalz damals mit Problemen ganz elementarer Art auseinander zu setzen hatten, nämlich der Frage, wie der tägliche Broterwerb zu sichern sei.

Für Johann Baptist Laßleben (1864–1928) war Kallmünz der „liebste Ort auf Erden“. In Lupburg im Tal der Schwarzen Laber geboren, hatte Laßleben hier an der Volksschule des Ortes seine erste (feste) Anstellung erhalten. Daraus wurden schließlich vier Jahrzehnte, in denen er trotz eines kargen Lehrergehaltes die Zeit und Muße fand, Wissen über die Region und die Oberpfalz zu sammeln. Als im Jahre 1902 der Ort zum Sommer-Künstlertreff wurde, ermunterte ihn mancher Sommerfrischler, seine erworbenen Kenntnisse auch niederzuschreiben: „Kallmünz, die Perle des Naabtales“ wurde der Titel seines ersten Büchleins. Weitere Zeitschriftenbeiträge folgten, in denen er nicht nur Forschungsergebnisse festhielt, sondern auch gegen das „Schämt sich doch mancher zu bekennen, dass er ein Oberpfälzer ist“ ankämpfen wollte. Dennoch blieb sein Traum von einer eigenen Oberpfälzer Heimatzeitschrift zunächst ein unerfüllter Wunsch, auch wenn viele Kollegen, Pfarrer und Volksvertreter ihn immer wieder ermunterten: es wollte sich partout kein Verleger finden, der das wirtschaftliche Risiko auf sich genommen hätte. 1907 wurde daher Laßleben trotz seines mageren Volksschullehrergehalts zum eigenen Verleger. Allen Widrigkeiten zum Trotz gelang das eigentlich Unmögliche und sein Verlag feiert demnächst das 100-jährige Bestehen.

Der Ortsname Kallmünz verbindet sich neuerdings auch mit NEPOMUK, dem 250. bayerischen Biotopverbundprojekt. Hinter dem Kürzel verbirgt sich das *N*etzwerk *P*rojekt *O*berpfälzer Jura – *M*ensch *U*mwelt *K*ultur. Rund 1,7 Millionen Euro (aus den Erträgen der Glückslotterie) werden bereitgestellt. Im Jahr 2002 hob der bayerische Umweltminister dieses Projekt aus der Taufe und er tat dies bezeichnenderweise auf der Naabbrücke. Seine Worte lauteten damals: „Das größte Projekt in der Oberpfalz ist ein Paradebeispiel für erfolgreiche Vernetzungen", womit er nicht nur auf Vernetzungen von Lebensräumen anspielte, sondern auch auf die gezielte Integration der unterschiedlichen Beteiligten der Region. Gemeint sind damit nicht nur der Auf- und Ausbau einer gezielten Vermarktung lokaler Produkte, sondern auch das Freikaufen ökologisch wertvoller Flächen aus der landwirtschaftlichen Nutzung oder die Unterstützung ausgewählter umweltpädagogischer Projekte. NEPOMUK stellt dabei einen wichtigen Knoten im „Bayernnetz Natur" dar, das erklärtermaßen die veschiedenen Lebensräume Bayerns verbinden soll.

Schloss **Heitzenhofen**, ein paar Kilometer südlich von Kallmünz bezog seinen Reichtum aus ausgedehntem Landbesitz und der Wasserkraft. Das stattliche Gebäude mit dem stufenförmigen Giebel stammt aus dem 18. und 19. Jahrhundert. Der turmartige Erker bedurfte angeblich einer besonderen Erlaubnis des bayerischen Herzogs. Den Erzählungen nach stand früher anstelle des Schlosses eine Wallfahrtskirche namens Osterkirche.

Wolfsegg – Mittelalter auf einem Jurakegel

Die Burg liegt zwar wenige Kilometer von der Naab entfernt, hat jedoch in der Vergangenheit das Tal durch die Ausdehnung seines Herrschaftsbereichs beeinflusst. Die Bezeichnung *-egg* bezieht sich auf den Fels oder Vorsprung, auf dem die Burg erbaut ist. **Wolfsegg** steht über einer Karsthöhle mit einem tiefen Brunnen, dessen Existenz früheren Burgbesitzern sicherlich eine Beruhigung war. Wann Wolfsegg erbaut wurde, muss wie bei fast allen Burgen der Region offen bleiben; eine dendrochronologische Untersuchung von alten Holzteilen zeigt ein Fälldatum im Winter 1277/78 an. Trotz der langen Geschichte wurde die Wehranlage niemals zerstört. Zwei annähernd ovale Beringe umziehen die Gebäude und passen sich dabei der Bergform an. Weitere Turmbauten sollten einen zusätzlichen Schutz vor Angreifern bilden. Die eigentliche innere Burg umfasst ein

Das Naab-Kraftwerk bei Heitzenhofen. Daneben zeugt das gleichnamige Schloss vom früheren Reichtum der Hammerherren.

Der Blick aus der Luft auf Wolfsegg lässt gut den ovalen Bering um die gedrungen wirkende Anlage mit Hof, Wohnbau und Treppenturm erkennen.

unregelmäßiges Vieleck mit einigen nahezu fensterlosen, blockhaften Bauten. Früher konnte dieser Teil nur über eine Falltreppe erreicht werden. Ein dreigeschossiger Wohnbau nimmt anstelle eines Bergfrieds vor allem die Westseite der Burg ein. Der Rittersaal zeigt Waffen aus früheren Zeiten, mit denen die Burg verteidigt werden konnte. Ein wichtiges und einschneidendes Ereignis der jüngeren Geschichte war der Kauf der Burgruine durch Georg Rauchenberger im Jahre 1933. Als Heimatpfleger der Oberpfalz verhinderte er mit hohem persönlichen Engagement den endgültigen Verfall. Nach seinem Tod im Jahre 1973 übernahm ein Kuratorium den Erhalt von Wolfsegg.

Unter dem Burgberg erstreckt sich ein verzweigtes Höhlensystem von 130 bis 140 m Länge und einer maximalen

Obwohl die Naab immer seltener zufriert, kommt es auf den Nebenarmen wegen des flachen und ruhigen Wassers doch zur Eisbildung, was dann ein winterliches Vergnügen ermöglicht.

Tiefe von 35 m unter dem Eingang. Dort haben sich herrliche, bis zu zwei Meter hohe und 20–30 cm dicke Tropfsteine gebildet, die zum Teil auch die Wände mit verschieden gefärbten Sinterbildungen überziehen. Für die Burgherren dürfte der Zugang zum Grundwasser wichtiger als die Schönheit der Höhle gewesen sein. Vielleicht hat sie auch zum Aberglauben an die Weiße Frau von Wolfsegg beigetragen. Dabei soll es sich um die Ehefrau des letzten Besitzers handeln, die von ihrem Mann beim Ehebruch ertappt, umgebracht und im Burghof verscharrt worden sein soll. In einer anderen Version soll sie auf Wunsch ihres Mannes einen

Das Kloster Pielenhofen mit seiner barocken Kirche, die von Franz Beer aus der Dynastie der Vorarlberger Baumeister errichtet wurde (linke Seite).

Nachbarn umgarnt haben, damit dieser angrenzendes Land verkaufe; die Liebe war dabei offenbar eine unliebsame Begleiterscheinung. Die Seele der Frau findet nach dem Volksglauben jedenfalls seither keine Ruhe und muss des Nachts umgehen. Der geschichtliche Anlass für die Sagenbildung liegt wohl im schnellen Aussterben der Familie des Burgherren, was den Verdacht eines Verbrechens aufkommen ließ.

Zwischen Pielenhofen und Mariaort

Pielenhofen muss sich geradezu in das Naabtal zwängen, weil der Talgrund hier besonders verengt ist. Die heutigen Pielenhofener Klosterbauten stammen aus dem Anfang des 18. Jahrhunderts, als nach der Rekatholisierung der Oberpfalz Zisterzienser das Kloster neu besiedelten. 1702 wurde mit dem Neubau des Kirchengebäudes begonnen, einem rechteckigen Außenbau mit einem geraden Chorschluss und einem Wandpfeilersaal, der von drei flachen Kuppeln überdeckt wird. Die ausladende dreigeschossige Doppelturmfassade der Kirche beherrscht von weitem den Taleinschnitt; beide Türme sind durch mit Laternen verzierte Doppelzwiebel abgeschlossen. Durch geschickte Architektur erscheint die Kirche innen bedeutend größer als sie tatsächlich ist. Weiträumige Wirkung und kleinteiliger ornamentaler Zierrat fügen sich zu einem harmonischen Ganzen. Das Deckenfresko thematisiert die Glorie des Himmels, das Pfingstfest und die Auferstehung Jesu. Im Klostergebäude ist heute ein Internat für die Regensburger Domspatzen unter-

Penk, ein beliebtes Ausflugsziel im Naherholungsbereich der Großstadt Regensburg.

gebracht. Dieses wurde als Teilgrundschule (für Dritt- und Viertklässler) gegründet, um „beim Übertritt zu den Regensburger Domspatzen bereits vorgebildete Stimmen für den Chor zu haben“ (so die Gründungsurkunde). Weiter heißt es dort: „In dem von der Stiftung zu betreibenden Internat sollen begabte Knaben ihre musikalische und gesangliche Grundausbildung erhalten, damit sie im Rahmen des Regensburger Domchores alsbald brauchbare Sänger und Musiker werden, zur weiteren Ausbildung in das Musikgymnasium übertreten und im späteren Leben zur Förderung der Musik und Kultur beitragen können.“ Jeweils nachmittags findet ein intensiver Musikunterricht statt, jeder Schüler nimmt täglich eine ganze Stunde am Chorgesang teil und übt eine halbe Stunde am Instrument.

Etterzhausen mit seinem etwas versteckt liegenden Schloss – in der Bildmitte zu sehen – und den ehemaligen Brauereigebäuden.

Mit der romanischen Turmkirche von **Penk** assoziiert man wegen der Schießscharten und der starken Mauern unwillkürlich eine Wehrkirche. Dieser dem hl. Leonhard geweihte Bau kann auf ein langes Alter am Handelsweg der Naab zurückblicken und stammt wohl aus der ersten Hälfte des 12. Jahrhunderts. Das Langhaus duckt sich förmlich unter dem massiven Chorturm mit seinen schmalen Lichtschlitzen und ist mit einer flachen Decke versehen; der Chor weist eine Kreuzgratwölbung auf. Die historische Hofstelle des Guts Löweneck neben der Kirche gehörte zum Gut Etterzhausen, das der letzte Gutsherr 1989 in einem Aufsehen erregenden Testament dem Kindeschutzbund München vererbt hatte. **Etterzhausen** selbst ist ein alter Ort, dessen Schlossanlage mit dem markanten Mitteltrakt und einem achteckigen, laternenbekrönten Turm unübersehbar ist. Im Ort übernachteten in der Regel die Amberger Schiffs-

Waltenhofen ist die letzte Siedlung vor Mariaort, der Stelle, an der die Naab in die Donau mündet.

leute auf ihrer ersten Rücketappe von Regensburg nach Amberg; die weiteren Haltepunkte waren Kallmünz und Ensdorf. Die Naab und die Vils waren über Jahrhunderte hinweg der zentrale Wasserweg der Oberpfalz („Vilsabwärts Eisen, vilsaufwärts Salz, das war der Handel der Oberen Pfalz"). Während die Fahrt von Amberg nach Regensburg nur ein Wochenende dauerte (den Flussschiffern war die sonst streng verbotene Sonntagsarbeit erlaubt), war die Rückfahrt recht mühsam, wenn die vollbeladenen Schiffe mit Pferden getreidelt werden mussten.

Die Wallfahrtskirche in **Mariaort** geht auf eine Sage zurück, dass ein Marienbild „gantz auffrecht stehend donauaufwärts geschwommen" und „durch die Naab, welche in die Donau fließt", dorthin gekommen war, „wo heut zu Tag die Leuth aus dem Dorff Orth herüber schiffen und anlendten". Die heutige Kirche stammt aus den Jahren 1774–76, für die

Die Wallfahrtskriche in Mariaort, deren Innenleben einerseits noch vom Rokoko, andererseits schon vom frühen Klassizismus geprägt ist.

der frühere gotische Bau die Sakristei bildet. An deren Südseite wächst in einem gemauerten Steinkasten ein Wacholderstrauch, unter dem angeblich anno dazumal das Marienbild gefunden worden war. Im Juli 1741 hätte es anlässlich einer Wallfahrt nach Mariaort beinahe ein großes Unglück gegeben, als ein Fährschiff mit einer Pilgergruppe aus Hainsacker bei Regensburg in der Naab versank; dass keiner der Pilger zu Schaden kam, wurde allgemein als ein Wunder angesehen. Eine Votivtafel erinnert daher an dieses Schiffsunglück.

Unsere Reise geht zu Ende, die Wasser der Naab vereinen sich mit denen der Donau, und zwar in einem breiten Mündungstrichter, der erst seit den Staumaßnahmen der Donau und ihrer besseren Schiffbarmachung in den 1970er Jahren die heutige Dimension aufweist. Vor allem die Staustufe am Pfaffenstein und die Schleuse in Stadtamhof, beide in Regensburg, führten zu einem dauerhaften Rückstau und zum erhöhten Wasserspiegel im Bereich der Naabmündung. Dies erklärt die große Flussbreite bis zurück nach Etterzhausen und darüber hinaus. Man erkennt die gewässertechnischen Eingriffe dieses letzten Naababschnitts an den zum Teil schnurgeraden Ufern. Dennoch zeigt gerade diese Rückstauzone mit all ihren Eingriffen eine beachtliche Renaturierung, die sich im Laufe von inzwischen rund drei Jahrzehnten entwickeln konnte. Bedenkt man zudem die deutliche Verbesserung der Wasserqualität der Naab im Vergleich zur Situation der 1960er Jahre, kann man mit einigem Stolz selbst auf diesen letzten Naababschnitt blicken. Obwohl bei den Baumaßnahmen im Bereich der Uferzonen stark in die Ökologie des Flusses eingegriffen wurde, konnten doch auch Uferflächen aus der landwirtschaftlichen Nutzung herausgenommen werden. Ufer sind nämlich als Nahtstellen und Übergangszonen zwischen dem fließenden Wasser und dem Landbereich ökologisch sehr wertvolle Gürtel, die ähnlich anderen Nahtstellen und Übergangszonen (etwa Waldrändern oder Feldrainen) eine große Formen- und Artenvielfalt aufweisen können. Voraussetzung dafür ist aber ein ausreichend breiter Geländestreifen, der in Ruhe gelassen wird und der vielleicht sogar eine natürliche Zonierung, ausgehend vom Uferröhricht bis hin zur Hartholzaue, erlaubt. Ökologisch hochwertige Uferbereiche bei Fließgewässern zeichnen sich durch Altwasser, unregelmäßige Uferlinien und Bachquerschnitte aus sowie durch einen Wechsel von Steil- und Flachufern. An solchen Pionierstandorten können gewässerdynamische Prozesse interessante ökologische Sukzessionen zulassen. Gerade die letzten Kilometer der Naab vermitteln daher mehr als nur einen Hoffnungsschimmer, dass die Natur sehr wohl eine enorme Kraft zur Regeneration hat, wenn man sie nur gewähren lässt. Dies zuzulassen, dazu könnte unsere Gesellschaft, also wir alle, noch viel mehr Mut zeigen!

Die Naab mündet von links kommend in die Donau und ist hier infolge der Aufstauung der Donau durch das Stauwerk Pfaffenstein – ein paar Kilometer unterhalb – zu großer Breite angeschwollen. Natur und Kultur bei Mariaort sorgen für einen idyllischen und stimmungsvollen Ausklang einer Reise entlang des längsten Oberpfälzer Flusses.

Ausgewählte Literatur

Adams, W.M. und Mulligan, M. (2003): Decolonizing Nature: Strategies for Conservation in a Post-Colonial Era. London.

Ambronn, K.O. (1984): Neustadt an der Waldnaab. Anfänge und frühes Werden. Oberpfälzer Heimat, 28, 162-181.

Ascherl, H. (1982): Geschichte der Stadt und Herrschaft Neustadt/Waldnaab. Neustadt.

Bachmann, M. (1925): Die Verbreitung der slawischen Siedlungen in Nordbayern. Erlangen.

Benl, H. (1912): Die Pfarrei Wiefelsdorf. Verhandlungen des historischen Vereins von Oberpfalz und Regensburg. Stadtamhof.

Benker, G. (1981): Heimat Oberpfalz. Regensburg.

Berwing, M. (1996): Burglengenfeld. Die Geschichte der Stadt und ihrer Ortsteile. Regensburg.

Böckl, M. und Ferstl, P. (1997): Weiße Frauen, Spukende Mönche. Waldkirchen

Bogner, F.X. (1995): Eine bilinguale Unterrichtseinheit zum Thema Glas. Chemkon, 1, 9-16.

Bogner, F.X. (1999): Im Tal der Schwarzen Laber. Regensburg.

Bogner, F.X. (2001): Im Tal von Vils und Lauterach. Regensburg.

Bogner, F.X. (2001): Das Urdonautal der Altmühl. Nürnberg.

Brenner-Schäffer, W. (1853): Geschichte der Stadt Weiden. [Nachdruck 1987]. Weiden.

Bufe, S. (1993): Eisenbahn in der Oberpfalz. Egglham.

Burckhardt, P. (1989): Die Truppenübungsplätze Grafenwöhr, Hohenfels, Wildflecken. Weiden.

Dausch, E. (1991): Nabburg. Nabburg.

Dobler, G. (2002): Die gotischen Wandmalereien. München.

Eberl, B. (1925): Die bayerischen Ortsnamen. München.

Emmerig, E. (1986): Johann Baptist Laßleben. Die Oberpfalz, 74, 257–266.

Fickenscher, K. (1914): Die Eisenerzlager von Kirchenthumbach in der Oberpfalz. Kattowitz.

Freytag, R. (1959): Um die Naab. Oberpfälzer Heimat, 4, 67–79.

Friedl, H. und Paulus, H. (1992): Pfreimd. München.

Fröhlich J.B. (1973): Das Burggut Parkstein. Oberpfälzer Heimat, 17, 170–179.

Gagel, E. (1962): Trug das Alte Dorf bei Weiden den Namen Weiding? Oberpfälzer Heimat, 7, 104–105.

Götschmann, D. (1985): Oberpfälzer Eisen. Theuern.

Glockner, G. (1971): Das Honigdorf Etzenricht. Oberpfälzer Heimat, 15, 59–66.

Glockner, G. (1972): Kaltenbrunn. Die Gründungsurkunde vom Jahre 1344. Oberpfälzer Heimat, 16, 92–115.

Gollwitzer, W. (1967): Geschichte der Stadt Erbendorf. Erbendorf.

Griesbach, E. (1985): Truppenübungsplatz Grafenwöhr. Behringersdorf.

Hamperl, W.-D. und Rohner, A. (1999): Böhmisch-oberpfälzische Akanthusaltäre. München.

Hantke, R. (1993): Flußgeschichte Mitteleuropas. Stuttgart.

Hardt, M. (1957): Magdeburger Straße und Bernsteinstraße. Oberpfälzer Heimat, 2, 83–91.

Hauser, G. (1991): Heimatbuch der Stadt Windischeschenbach. Windischeschenbach.

Heimrath, R. (1996): Oberpfälzer Freilandmuseum Neusath-Perschen. Regensburg.

Höfer, J. (1926): Geschichte der Stadt Erbendorf. Kallmünz.

Hübl, K. (1958): Eschenbach im Wandel der Geschichte. Festschrift zum 600jährigen Stadtjubiläum der Stadt Eschenbach, 9–15. Eschenbach.

Kaiser, G. (1993): Heimat Landkreis Neustadt an der Waldnaab. Neustadt/W.

Kalogiannidis, K. (1981): Geologische Untersuchungen zur Flußgeschichte der Naab. Bd 40. Köln.

Kandler, U. (1994): Eisenbahnreviere Oberpfalz. Berlin.

Kleine, G. (1994): Gabriele Münter und Wassily Kandinsky. Frankfurt.

Klitta, G. (1970): Das Finale des zweiten Weltkrieges in Schwandorf. Schwandorf.

Knipping, M. (1997): Pollenanalytische Untersuchungen zur Siedlungsgeschichte des Oberpfälzer Waldes. TELMA, 27, 61–74.

Krahe, H. (1964): Unsere ältesten Flußnamen. Wiesbaden.

Kraus, A. und Fröhlich, H. (1979): Stadtmuseum und Max Reger Museum. Weiden.

Krumbeck, L. (1920): Über die Freihölser Großschotter im Vorlande der Blauen Berge bei Amberg. Geognostische Jahreshefte, 33, 23–32.

Laßleben, J.B. (1904): Kallmünz, die Perle des Naabtales. [Nachdruck 1995]. Kallmünz.

Lehmann K. und Busl, F. (1976): Oberpfälzer Wald. Hof.

Lehner, P. (1930): Die Entdeckung und Wiederentdeckung der Oberpfalz. Oberpfälzer Heimatbuch, 97–112.

Merl, O. (1966): Kreuzberg bei Schwandorf. München.

Morsbach, P. und Spitta, W. (2001): Dorfkirchen in der Oberpfalz. Regensburg.

Morsbach, P. und Spitta, W. (2002): Stadtkirchen in der Oberpfalz. Regensburg.

Motyka, G. (1991): Burg und Dorf Wolfsegg. Ritter, Untertan, weiße Frau. Kallmünz.

Ostermann, R. (1995): Kriegsende in der Oberpfalz. Regensburg.

Ott, J. (1984): Schön wär's, und vielleicht ist es doch wahr … Wolfram von Eschenbach in der Oberpfalz? Heimat Eschenbach, 11–14.

Ott, J. (1991): Kirchen in der Stadt Eschenbach. München.

Otto, E. (1986): Max Reger. Sein Weg von Weiden in die Welt 1873–1916. Weiden.

Pfistermeister, U. (1984): Burgen und Schlösser der Oberpfalz. Regensburg.

Pfistermeister, U. (1994): Die Oberpfalz. Regensburg.

Priehäußer, M. (1908): Die Flußspatgänge der Oberpfalz. Zeitschrift für praktische Geologie, 16, 265–269.

Reger, A. (1981): Aus der Geschichte der Stadt Kemnath. Kallmünz.

Salzl, J. (1990): Die Slawen im Naabtal. Schwandorf.

Salzl, J. und Wolfsteiner, A. (1993): Schwandorf – von den Anfängen zur Gegenwart. Amberg.

Scherm, L. (1984): Der Geierschlag auf dem Großen Rußweiher. Eschenbach.

Schindler, W. (1958): Glückauf an Naab und Vils. Schwandorf.

Schmidt, O. (1980): Die Amberger Schiffahrt. Amberg.

Schmidt-Kaler, H.; Tischlinger, H. und Werner, W. (1992): Wanderungen in die Erdgeschichte. München.

Schmied-Kowarzik, W. und Scheidler, J. (1950): Kemnather Heimatbuch. Kemnath.

Schomann, H. (1971): Belser Kunstwanderungen. Bayern – Nördlich der Donau. Stuttgart-Zürich.

Schwarz, E. (1960): Sprache und Siedlung in Nordostbayern. Nürnberg.

Siegert, T. (1993): Landkreis Schwandorf. Regensburg.

Sieghardt, A. (1977): Oberpfalz. Heroldsberg.

Spitta, W. und Morsbach, P. (1992): Die Oberpfalz. Regensburg.

Stark, F. (1978): Zur Geschichte der Durchgangsstraßen im Oberpfälzer Kernraum. Oberpfälzer Heimat, 22, 6–25.

Sturm, H. (1972): Die Landkreiswappen im Regierungsbezirk Oberpfalz. Regenburg.

Thurn, B.; Keck, K. und Stöckl, A. (1984): Eschenbach und Speinshart. Eschenbach.

Tillmann, H. (1956): Zur Geologie des Oberpfälzer Tertiär und seiner Lagerstätten. Schwandorf.

Wackernagel, M. und Rees, W. (1997): Unser ökologischer Fußabdruck. Basel.

Winkler, K. (1929): Oberpfälzer Heimatbuch. Kallmünz.

Wirth, K. (1989): Klosterkirchen der Oberpfalz. Amberg.

Wolfsteiner, A.; Setzwein, B.; Jäger, K. und Moser, G. (1998): Die Naab. Amberg.

Wollenweber, J. und Ferber, T. (1991): Kallmünz. Kleinod zwischen Naab und Vils. Kallmünz.

Wurm, A. (1934): Geschichte der tertiären Flußsysteme im Osten Bayerns. Neues Jahrbuch für Mineralogie, Geologie und Paläontologie, 71, 165–193.

Zenit, J. (1950): Heimatbuch des Kreises Eschenbach. Eschenbach.

Zitzmann, A. (1980): Die Michaelskirche in Weiden. Weiden.

Ortsregister

Die vorangestellten Ziffern verweisen auf die Lage der Orte in der Karte (hinten im Buch), die nachgestellten auf die Seitenzahlen

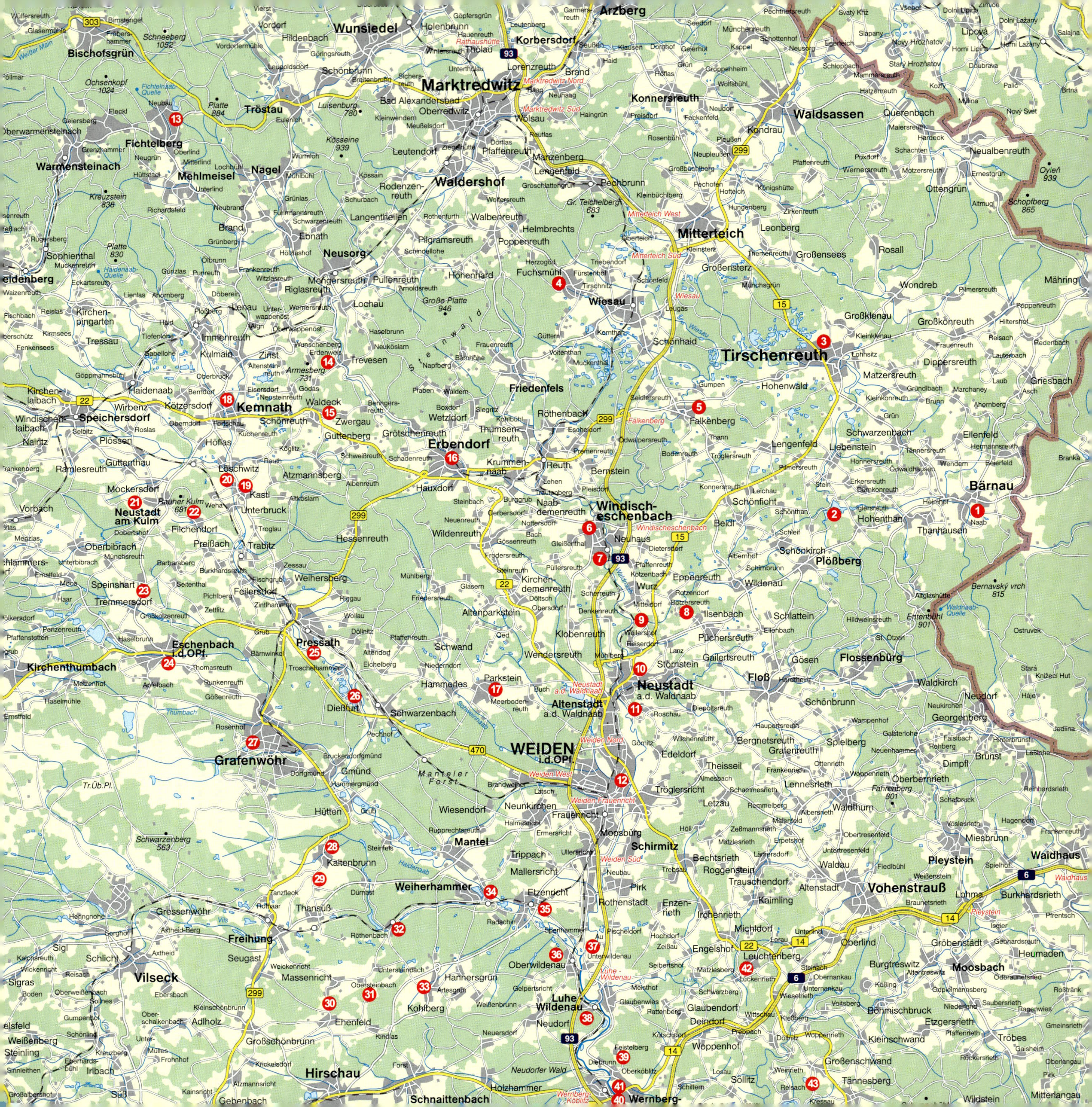

Arzberg
Wunsiedel
Bischofsgrün
Korbersdorf
Marktredwitz
Konnersreuth
Waldsassen
Tröstau
Fichtelberg
Warmensteinach
Mehlmeisel
Nagel
Waldershof
Mitterteich
Neusorg
Wiesau
Tirschenreuth
Kemnath
Speichersdorf
Friedenfels
Erbendorf
Falkenberg
Bärnau
Neustadt am Kulm
Windisch-eschenbach
Plößberg
Pressath
Eschenbach i.d.OPf.
Kirchenthumbach
Neustadt a.d. Waldnaab
Altenstadt a.d. Waldnaab
Flossenbürg
Floß
WEIDEN i.d.OPf.
Grafenwöhr
Mantel
Schirmitz
Weiherhammer
Pleystein
Waidhaus
Vohenstrauß
Freihung
Vilseck
Leuchtenberg
Moosbach
Luhe-Wildenau
Hirschau
Schnaittenbach
Wernberg-
Tännesberg